Endlich ich selbst sein!

Ursula Maria Hebenstreit

Endlich ich selbst sein!

- Dem Selbstwertgefühl Gutes tun
- Blockaden auflösen
- Eigenliebe stärken

FALKEN
Taschenbuch

Im FALKEN Verlag sind zahlreiche weitere Titel zu diesem Themenbereich erschienen. Sie sind überall erhältlich, wo es Bücher gibt.

Sie finden uns im Internet: **www.falken.de**

Der Text dieses Buches entspricht den Regeln der neuen deutschen Rechtschreibung.

Dieses Buch wurde auf chlorfrei gebleichtem und säurefreiem Papier gedruckt.

Die Zitate zu Beginn der Kapitel stammen aus dem Buch „Starke Frauen – Große Weisheit", Hrsg. Kris Dorea, mit freundlicher Genehmigung des Urania Verlags, CH-Neuhausen, 1999.

ISBN 3 635 60557 3

Umschlaggestaltung: martina eisele grafikdesign
Redaktion: Anja Schmidt, München/Vera Baschlakow
Herstellung: Ulrich Klein
Satz: Blattwerk, Satz & Gestaltung, Mainhardt
Druck: Freiburger Graphische Betriebe GmbH, Freiburg

817 2635 4453 6271

Inhalt

Widmung 8

Zu diesem Buch 9

Wie steht es um mein Selbstwertgefühl? 10
Ein kleiner Test 12

Selbstliebe ist … 17
Sabotageprogramme stoppen 17
Störprogramme auflösen 19
Gedankenkräfte erkennen 22
Bewusstseinskraft durch Sammlung 24
Gedankenpflege 26
Kommunikation und Selbstbewusstsein 29
Partnerbilanz 35
Probleme kommunizieren 36
Menschliche Anteilnahme statt männlicher Muster 39
Das Schweigen der Männer 40

Ursachen für mangelndes Selbstvertrauen 42
Blockaden sind Warnsignale 44
Mit Ängsten umgehen lernen 45
Aus Fehlern lernen 47
Vertrauen entwickeln 47
Figur- und Gewichtsprobleme 48
Ziele, Orientierung, Erfüllung 50

Endlich ich selbst sein! 56
50 Anregungen und Übungen 56

Selbstwertgefühl von innen heraus 107
Meditation 107
Spirituelle Meditation 110
Chancen und Gefahren von Meditation 114
Wer bin ich wirklich? 115
Gedanken zum Schluss 118

Anhang 119
Testauswertung 119
Erläuterungen zu den einzelnen Fragen 121
Buchempfehlungen 135
Adressenhinweise 135
Quellenhinweis 135

Verzeichnis der Übungen

Die STOP-Übung 18
Beobachtung im Alltag 20
Beobachtung am Arbeitsplatz 20
Haltung 21
Atmung 21
Harmonie 21
Kräfte aktivieren 21
Innere Spannungen auflösen 23
Äußere Spannungen auflösen 24
Loslassen und Einstimmen 29
5-Wochen-Training der Kommunikation 34
Verstehen und Verstandenwerden 35
Affirmation für mehr Selbstbewusstsein 37
Den Tag begrüßen 37
Auf die Körperhaltung kommt es an 38
Selbstloser Dienst am Nächsten 54
Die Bürde übergeben 55
Aufschub ist der Dieb der Zeit 58
Positive Lebenseinstellung 90

So wie Sie sind, sind Sie o. k. 97
Vergeben und Vergessen 102
Ziele aufschreiben 104
Meditative Übung bei Partnerproblemen 108
Das innere Licht 113
Fragemeditation 116

Widmung

I am going to live the life I sing about in my song …
if I am in a crowd, if I am about in the streets or in my home,
I am going to live the life I sing about in my song …
If by day, if by night, I must always walk in the light

„Ich werde das Leben leben, über das ich in meinem Lied singe, ob ich in der Menge bin, auf der Straße oder zu Hause ... jeden Tag ... überall, bei Tag und bei Nacht, will ich immer im Licht gehen."

Dieser Liedtext stammt von Mahalia Jackson, der wunderbaren schwarzen Gospelsängerin aus New Orleans. Ihre Worte sind mir immer wieder eine Ermunterung, meine Ziele und Ideale nicht zu vergessen oder links liegen zu lassen, sondern sie wichtig zu nehmen und zu leben.

Allen Leserinnen wünsche ich von Herzen, dass auch Sie immer im Licht gehen und dass Sie anderen Menschen helfen, ihr eigenes Licht zu finden. Mögen Sie in diesem kleinen Buch dazu eine hilfreiche Inspiration finden und in sich Freude und sanfte Stärke entfalten.

Zu diesem Buch

Vorab eine kleine „Gebrauchsanleitung“: Natürlich freue ich mich, wenn Sie dieses Buch von vorn bis hinten so lesen, wie es geschrieben ist. Auf diese Weise erarbeiten Sie sich systematisch wesentliche Grundlagen, um Ihr Selbstwertgefühl zu stärken und weiterzuentwickeln. Dieses Buch kann Sie dann auf Ihrem Weg der Selbsterfahrung und Persönlichkeitsentwicklung hilfreich begleiten. Aber Sie können auch einfach irgendeine Seite aufschlagen, sich inspirieren lassen und neue Impulse aufnehmen, um Ihr Leben aus einem neuen Blickwinkel zu betrachten. Das mag Sie zu Ihren ganz persönlichen Anknüpfungspunkten bringen, von denen aus Sie Ihre innere Arbeit weiterführen können.

Nehmen Sie das Buch auch immer dann zur Hand, wenn Sie „nicht so gut drauf“ sind, wenn Sie Verständnis und freundschaftliche Ermunterung brauchen. Sie werden eine Fülle von praktischen Hilfen und konkreten Vorschlägen finden, von denen sicher einige – hoffentlich sogar viele – auch für Sie richtig und Gewinn bringend sind.

Oft fühlt man sich besser, wenn man etwas, das man eigentlich längst weiß oder immer schon gespürt hat, nun noch einmal in Worten ausgedrückt und schwarz auf weiß niedergeschrieben sieht.

Ich bin genauso auf dem Weg wie Sie und glaube nicht, dass ich „weiter“ bin oder mehr weiß als Sie. Ich habe genau wie alle anderen Frauen damit zu tun, jeden Tag immer wieder neu anzugehen.

Täglich versuchen wir, den Spagat zwischen Einfühlsamkeit und Zielorientierung, zwischen menschlicher Anteilnahme und Vorwärtsstreben zu meistern. Wenn wir unsere Mitte finden und uns immer vertrauensvoller dort verankern, wird aus dieser Anstrengung eine Selbstverständlichkeit, aus dem Bemühen eine natürliche Lebenshaltung. Und auch dabei möge Ihnen dieses Buch dienlich sein.

Ursula Maria Hebenstreit, Kritzendorf im Sommer 1999

Wie steht es um mein Selbstwertgefühl?

Ich will geliebt sein
oder ich will begriffen sein.
Das ist eins.
Bettina von Arnim

Dieses Buch möchte Ihnen ein Wegbegleiter sein. Es soll Ihnen helfen, im Alltag, in der Partnerschaft, in der Familie, in der Arbeit und im Kreis von Freundinnen und Bekannten Ihre Persönlichkeit ganz selbstverständlich zum Ausdruck zu bringen.

Weder wollen wir wie ein vergessenes Mauerblümchen in der Ecke stehen, noch – wie man in meiner österreichischen Heimat sagt – wie ein Hascherl wirken, wie ein „Dummchen“ also, das naiv ist und beliebig ausgenutzt bzw. benutzt werden kann. Wir sollten als Frauen aber auch nicht die Macho-Männerwelt nachzuahmen versuchen und mit Dampfwalzen-Power oder zynischer Überheblichkeit Aufsehen erregen in der Hoffnung, auf diese Weise Anerkennung und Einfluss zu gewinnen.

Vielmehr geht es um die Entdeckung und Aktivierung der natürlichen (weiblichen) Persönlichkeitskräfte, die jeder Frau innewohnen. Wenn wir diese Quelle erschließen, werden wir mit neuem Lebensmut und voller Lebensfreude auf die Welt zugehen. Wir werden dann wie von selbst das gewisse Etwas haben und eine besondere Energie ausstrahlen, die unser Leben harmonischer und erfüllter, aber auch liebevoller und sogar erfolgreicher werden lässt.

Warum sollten wir Frauen unsere weiblichen Qualitäten aufgeben, sie sogar „opfern“ oder auch nur vernachlässigen, um uns nach den vermeintlich gültigen Regeln einer Gesellschaft zu richten, die im wesentlichen von Männern bzw. männlichen Eigenschaften bestimmt wird?

Zum Thema „Umgang mit Männern“ empfehle ich übrigens ein wunderbares Buch des amerikanischen Psychologen David Deida, das unter dem provokanten Titel „Warum sind die Männer so schwierig?“ im Fischer Verlag, CH-Münsingen/Bern, erschienen ist.

Stellen Sie sich ein Dreieck vor, das unsere Situation als Frau anschaulich machen soll. Eine Spitze steht für die Frau als Hascherl oder Opfer. Die zweite Spitze bedeutet die angepasste und vermännlichte Frau – die Karrierefrau also – und die dritte Spitze symbolisiert die feministisch-kämpferische Emanze, die gegen alles ist, was Männer sind und tun.

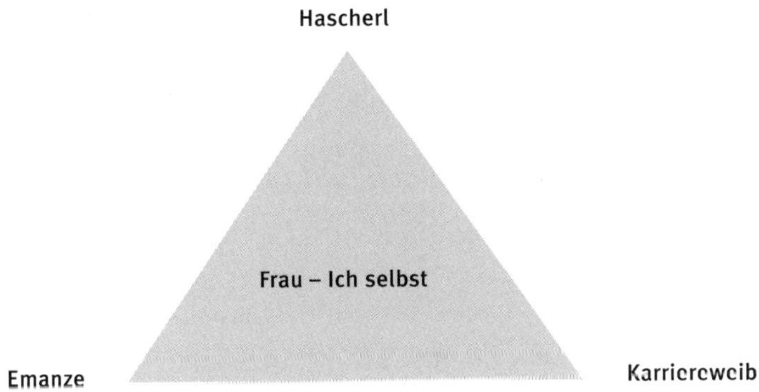

Finden Sie nicht auch, dass Ihre Stellung als Frau irgendwo dazwischen liegen müsste? Die meisten von uns möchten in Wahrheit keines dieser Extreme leben, sondern einen sinnvollen Ausgleich finden, der in der Mitte liegt.

Der Mittelpunkt dieses Dreiecks kennzeichnet daher auch den Standpunkt, von dem aus ich in diesem Leitfaden die Dinge betrachte und zu beschreiben versuche.

In dieser Mitte steht die selbstbewusste Frau, die Weiblichkeit und Selbstwert verbindet, Herzlichkeit und Verstand, Lebensfreude und Selbstverwirklichung – eine Frau, für die Erfolg nicht Erfüllung ausschließt, die im Hier und Jetzt lebt und sich gleichzeitig bewusst ist, dass es geistige Dimensionen gibt, die nicht greifbar, messbar und zählbar sind. Eine solche Frau lebt auch mit Widersprüchen, ist anderen gegenüber offen, ohne sich selbst zu verlieren und bleibt bereit, immer mehr vom Abenteuer des Lebens zu erfahren, zu erlernen und zu lieben.

Ein kleiner Test

Ein kleiner Test zum Einstieg ins Thema soll Ihnen helfen, eine ganz persönliche Zwischenbilanz Ihres bisherigen Lebens zu ziehen und festzustellen, wo Sie gerade stehen. Beantworten Sie die folgenden Fragen bitte mit Ja oder Nein. Am Ende zählen Sie jeweils die Ja- und Nein-Antworten in den fünf Gruppen von Fragen zusammen und bilden daraus eine Gesamtsumme. Sie finden danach eine eingehende Erläuterung zu den Fragen und dazu, warum sie überhaupt gestellt wurden.

Wohlbefinden und Umgebung

	Ja	Nein
Ich schlafe meistens gut.	○	○
Meine Wohnung/mein Zimmer/mein Haus ist so eingerichtet, dass es mir rundum gefällt – Farben, Möbel, Bilder etc.	○	○
Ich achte darauf, viel Frischkost, Salat, Gemüse und Obst zu essen.	○	○
Ich bin bei Terminen fast immer pünktlich.	○	○
Meine Haushaltsgeräte, mein Auto usw. funktionieren alle problemlos, bzw. sind bereits in Reparatur.	○	○
Ich fühle mich insgesamt ganz gesund.	○	○
Ich mag die Gegend, in der ich wohne.	○	○

	Ja	Nein
Ich bin mit meinem Körpergewicht zufrieden.	○	○
Meine Papiere habe ich alle gut geordnet.	○	○
Ich gehe regelmäßig zum Zahnarzt bzw. meine Zähne sind alle in Ordnung.	○	○
Ich habe immer genug Zeit.	○	○
Mit meiner Kleidung bin ich zufrieden, sie macht mir Freude.	○	○

Arbeit

Die folgenden Fragen sind auch für Hausfrauen und Mütter gedacht. Betrachten Sie Ihre Mutter- und Hausfrauenrolle bitte durchaus als „richtige“ Arbeit – denn selbst wenn Sie sie voller Liebe und aus ganzem Herzen tun, ist es immer noch Arbeit!

	Ja	Nein
Meine Arbeit macht mir Freude.	○	○
Mit Kollegen komme ich gut aus.	○	○
Mein Partner/meine Familie erkennt meine Arbeit an.	○	○
Am Beginn des Arbeitstages weiß oder plane ich, was ich heute zu tun habe.	○	○
Ich sehe einen Sinn in dem, was ich tue.	○	○
Mein Arbeitsplatz ist meistens ordentlich bzw. ich räume ihn regelmäßig auf.	○	○
Ich mache mindestens einmal im Jahr Urlaub.	○	○

	Ja	Nein
Wenn ich später einmal – vielleicht nach der Pensionierung – auf meine Arbeit zurückblicke, werde ich dies erfüllt und befriedigt tun.	○	○

Beziehungen und Kommunikation

	Ja	Nein
Ich kann mit meinem Partner über alles sprechen.	○	○
Meine persönlichen Beziehungen sind stabil.	○	○
Ich weiß, was ich an anderen Menschen mag.	○	○
Für die Sorgen meines Partners, auch für die „kleinen Problemchen", habe ich meistens Verständnis.	○	○
Die Liebe hat für mich einen höheren Stellenwert als Eros und Sex.	○	○
Meine persönlichen Beziehungen geben mir Sicherheit und ich gebe meinem Partner sowie meinen Freundinnen und Freunden ebenfalls Sicherheit.	○	○
Ich kann es gut akzeptieren, dass niemand vollkommen ist und alle Ansprüche erfüllen kann.	○	○
Auch außerhalb meiner festen Beziehung(en) bin ich offen für die Begegnung und den Austausch mit neuen Menschen.	○	○
Ich weiß, was mein Partner an mir mag.	○	○
Ich bilde mir meine eigene Meinung über andere Menschen.	○	○

	Ja	Nein
Die tieferen Probleme in meiner Beziehung kenne ich und arbeite gemeinsam mit meinem Partner daran, sie zu lösen.	○	○
Ich weiß, dass man nicht alle Diskrepanzen lösen kann (und muss), sondern dass man auch mit unterschiedlichen Ansichten sehr gut leben kann.	○	○

Geld

	Ja	Nein
Ich kann mit Geld ganz gut umgehen	○	○
Ich spare für eine Eigentumswohnung oder ein Haus.	○	○
Geld macht mir Spaß.	○	○
Ich helfe Menschen in Not finanziell, auch wenn ich selbst nicht so viel Geld habe.	○	○
Ich bezahle meine Rechnungen in der Regel innerhalb einer angemessenen Frist.	○	○
Ich investiere in eine private Altersvorsorge.	○	○
Ich habe keine Schulden, die mich bedrücken.	○	○
Ich mache anderen Menschen gern kleine Geschenke.	○	○

Geistige Bewusstheit

	Ja	Nein
Ich freue mich jeden Tag auf etwas.	○	○
Ich nehme Anteil am Leben meiner Mitmenschen.	○	○
Ich liebe jemanden oder etwas – einen Menschen, das Leben, ein Hobby, meinen Beruf, Gott …	○	○
Ich empfinde Mitgefühl, wenn ich von der Not anderer Menschen höre.	○	○
Ich bin praktisch jeden Tag an der frischen Luft.	○	○
Ich spüre, dass ich mehr bin als Körper, Gefühle und Gedanken.	○	○
Mitleid blockiert mich manchmal oder häufig.	○	○
Ich bin dankbar für die Chance, als Mensch auf dieser Erde zu leben.	○	○
Ich versuche oft, anderen zu helfen.	○	○
Ich bete oder meditiere regelmäßig.	○	○

Die Testauswertung sowie ausführliche Kommentare zu den einzelnen Fragen finden Sie ab Seite 119.

Selbstliebe ist …

Jeder von uns ist für alles verantwortlich,
und jedem menschlichen Wesen gegenüber.
Simone de Beauvoir

In diesem Kapitel beschäftigen wir uns damit, was Selbstliebe oder Selbstwert eigentlich ist, was er bedeutet und wie er entsteht bzw. untergraben oder gefördert wird.

Zunächst ein paar Gedanken dazu, wodurch sich ein gesundes Selbstwertgefühl und damit die Liebe zu sich selbst ausdrückt.

Selbstliebe ist …
…, wenn ich weiß, dass ich okay bin und trotzdem weiter an mir arbeite.
…, wenn ich mich schön fühle, ohne dass es mir mein Partner sagt.
…, wenn ich auch ohne meine Freundin zum Acrobic gehe.
…, wenn ich meine Ausbildung beende.
…, wenn ich zu meiner Schwiegermutter nett bin.

Genau das ist mit Selbstliebe gemeint: Wie lebt eine Frau erfolgreich und erfüllend ihr Leben und bleibt dabei ganz Frau?

Sabotageprogramme stoppen

Wie können wir Niedergeschlagenheit, Selbstzweifel, Mutlosigkeit und andere innere „Sabotageprogramme" stoppen? Wie verwandeln wir Aufregung und Verwirrung in Sammlung und Klarheit? Indem wir den Zeitpunkt erkennen lernen, wann negative Gefühle beginnen, sich in uns auszubreiten und genau den Moment erwischen, bevor sie sich festsetzen. Dazu müssen wir lernen, immer wacher, immer bewusster zu werden.

Wenn wir den richtigen Zeitpunkt erkennen, wann irgendwelche Schwierigkeiten beginnen, unsere innere Stabilität zu gefährden, dann bekommen wir die Möglichkeit, diese in Chancen zu seelischem Wachstum und damit zur Selbstverwirklichung zu verwandeln. Indem wir die wache Unterscheidungsfähigkeit entwickeln, zu unterscheiden was nur flüchtige Gefühls- bzw. Gedankenwolken sind, die wir einfach an uns vorüberziehen lassen können, und was uns wirklich betrifft, können wir solche Herausforderungen bestehen. Aus Belastungen werden auf diese Weise Wachstumschancen.

Wenn wir den richtigen Zeitpunkt übersehen oder verpassen, bewusst mit Schwierigkeiten umzugehen, verstärken sich negative Gefühle, erzeugen Spannungen im Unbewussten und fangen an, uns fast unbemerkt zu steuern. Solche inneren Verwicklungen zu erkennen und aufzulösen, erfordert ungleich viel mehr Bewusstseinsarbeit als wenn wir es erst gar nicht dazu kommen lasse. Und dabei hilft die folgende Übung.

Die STOP-Übung

Sobald Sie spüren, dass etwas Unangenehmes, Unklares, Hinderliches oder sonst etwas auf Sie zukommt oder sich in Ihnen regt, das Ihr Selbstwertgefühl nicht fördert – denken Sie „STOP" und atmen Sie bewusst langsam, lange und tief aus! So unterbrechen Sie einen unbewussten Vorgang und kommen augenblicklich wieder zu sich. Sie verlieren nicht die Fassung, Sie gehen nicht hoch (oder ziehen sich zurück), sondern ruhen einfach in sich selbst. Damit schaffen Sie sich die buchstäbliche Atempause, die Zeit und wenigstens einen kurzen Moment der Ruhe, um nachzudenken und nachzuspüren, um dann klar und selbstbestimmt auf die aktuelle Situation zu reagieren.

Die STOP-Übung ist einfach. Schwierig ist nur, sich im Alltag wirklich daran zu erinnern und vor allem, den rechten Zeitpunkt abzupassen. Und denken Sie bitte nicht, dass es „unhöflich" sei, erst einmal in Ruhe auszuatmen, bevor man zum Beispiel eine Antwort gibt. So viel Zeit ist immer! Es kann auch hilfreich sein, bei dieser Übung zuerst tiefer und länger einzuatmen, um dann umso anhaltender und befreiender auszuatmen. Probieren Sie aus, was bei Ihnen am besten funktioniert!

Störprogramme auflösen

Im Alltag sollten wir uns bemühen, hemmende oder störende Gefühle zu erkennen und aufzulösen. Gleichzeitig können wir förderliche, positive Gefühle bewusst einsetzen. Doch dazu müssen wir uns selbst erst einmal richtig kennen lernen – und zwar indem wir unsere Gedanken und Gefühle beobachten. Außerdem sollten wir prüfen, ob unsere Art auf äußere Einflüsse zu reagieren, sich positiv oder negativ auf unsere innere Stabilität auswirken.

Wahrnehmen und beobachten ist der erste Schritt um hemmende Störprogramme aufzulösen. Auf dieser Grundlage wird es möglich, negative Gefühle zu verarbeiten, umzuwandeln und zu harmonisieren, um in der Folge positive Gefühle zu aktivieren.

Es ist dabei nicht notwendig – und auch nicht förderlich – Gefühle zu unterdrücken oder zu verdrängen. Stattdessen wollen sie angenommen und durch Bewusstseinsschulung verarbeitet werden. Gefühle sind natürlicher Bestandteil des menschlichen Wesens. Je unbewusster ein Mensch lebt, umso stärker wird er von seinen Gefühlen und automatischen Reaktionen gesteuert.

Um ein gesundes Selbstwertgefühl zu entwickeln, ist es entscheidend, ob und wie stark wir unbewusste Gefühlsmechanismen bewusst machen. Dies könnte sein, dass wir regelmäßig in die Luft gehen, wenn unser Partner eine bestimmte Verhaltensweise an den Tag legt, oder uns zurückziehen, wann immer berufliche Dinge nicht so gut laufen. Erst wenn wir solche Muster erkennen, lernen wir, „bei uns zu bleiben“, um dann ganz selbstbewusst unser Denken sowie unsere Reaktionen zu steuern. Arbeiten Sie deshalb daran, unbewusste Kräfte und ihre emotionalen Wirkungen bewusst zu machen. Bemühen Sie sich darum, neue, auch kleinere Erfahrungen in Ihr Gesamtbild von sich selbst, ebenso wie in Ihr Bild vom Leben einzuordnen.

Im Folgenden finden Sie einige einfache Übungen, wie Sie die Beobachtung des Denkens und Fühlens in Ihren Alltag integrieren können. Diese Übungen helfen dabei, uns weniger von unbewussten Gefühlsreaktionen abhängig zu machen, die häufig unsere Lebensfreude sowie unseren Erfolg behindern.

Beobachtung im Alltag

Beobachten Sie einige Minuten lang am Morgen, während Sie im Bad sind, was Ihnen alles in den Sinn kommt, während Sie duschen, sich die Zähne putzen oder die Haare föhnen. Bitte greifen Sie nicht in Ihre Gedankengänge ein und verurteilen Sie sich vor allem nicht für die Gedanken oder Gefühle, die auftauchen. Die Übung sollte nicht länger als fünf Minuten dauern; und es ist sinnvoll, sich danach Stichworte zu notieren. Führen Sie die Übung eine Woche lang durch und lesen Sie dann nach, was Ihnen während der Morgentoilette so alles durch Kopf, Herz und Bauch gegangen ist. Vermutlich sind Sie überrascht, vielleicht sogar erschreckt: Liebe und Hass, Kunst und Erotik, Banales und Wichtiges, Schönes und Schlimmes werden Sie aller Wahrscheinlichkeit nach in Ihren Notizen finden.

Schon die einfache Beobachtung hilft uns, uns selbst besser kennen zu lernen.

Wenn ein Thema immer wieder auftaucht, können Sie hineinspüren, wie Sie damit am besten so umgehen, dass diese Gedanken und Gefühle sie fördern und nicht belasten.

Beobachtung am Arbeitsplatz

Eine ähnliche Übung können Sie im Berufsleben durchführen. Am besten ist es, Sie lassen nach der Beobachtung im Alltag einige Tage verstreichen, bevor Sie sich dieser Übung widmen.

Beobachten Sie, mit welchen Gedanken und Gefühlen Sie auf dem Weg zur Arbeit sind.

Freuen Sie sich schon, sind Ihnen alle Gedanken an die Arbeit lästig oder haben Sie ein mulmiges Gefühl im Bauch? Beobachten Sie dann, welche Gedanken, Gefühle oder Körperreaktionen bei Telefonaten auftauchen, während Arbeitsgesprächen, bei der Erledigung schwieriger Aufgaben … Ruhen Sie mehr oder weniger die ganze Zeit über in sich selbst? Oder geraten Sie leicht außer sich? Fühlen Sie sich selbstbewusst oder ängstlich, aktiv oder passiv, dominant oder unterlegen? Bitte urteilen Sie nicht über Ihre Gefühle, beobachten Sie nur!

Die drei folgenden praktischen Tipps werden Ihnen sofort helfen, mehr zu sich zu kommen und Ruhe und Kraft zu finden – in welcher Situation auch immer Sie sich gerade befinden.

Haltung

Wie sitzen oder stehen Sie? Fühlen Sie sich mit Ihrer Haltung wohl oder nicht? Lassen Sie die Schultern hängen? Ist der Brustraum leicht eingesunken oder eingeknickt? Lassen Sie den Kopf hängen?

Wollen Sie in Ihrer Haltung einer Rose oder einer Trauerweide gleichen? Probieren Sie einfach einmal aus, gleich jetzt, ob Sie sich besser fühlen, wenn Sie Ihren Oberkörper natürlich gerade halten, Ihre Schultern leicht nach hinten nehmen sowie den Nacken leicht nach oben dehnen. Wie fühlt sich das an?

Atmung

Legen Sie eine Hand sanft auf Ihren Bauch, die andere auf die Mitte der Brust. Atmen Sie dreimal tief ein und aus und stellen Sie sich dabei vor, dass Sie gleichzeitig in beide Hände atmen. Dann müssten sich beide Hände bei der Einatmung leicht heben und bei der Ausatmung senken. Spüren Sie nach, ob Sie sich danach entspannter und gelassener fühlen, sicherer und freier.

Harmonie

Schließen Sie die Augen ein oder zwei Minuten lang, spüren Sie zum Punkt zwischen den Augenbrauen hin („drittes Auge") und wiederholen Sie in Gedanken langsam und bewusst zwölfmal das Wort „Harmonie".

Kräfte aktivieren

Wenn Sie sich im Haushalt oder im Beruf bei bestimmten Aufgaben blockiert fühlen oder manche Arbeiten nur unwillig angehen, dann kann Ihnen folgende Übung helfen:

- Halten Sie kurz inne, schließen Sie die Augen und überlegen Sie sich: Was ist meine nächste Aufgabe?
- Was ist der Grund, was ist mein Motiv, diese Aufgabe anzugehen?
- Erinnern Sie sich an schöne Bilder, Gefühle oder Erlebnisse, die mit dieser Aufgabe in Verbindung stehen.
- Öffnen Sie sich für positive Impulse wie Gefühle der Lust, Freude, Kraft oder Liebe, die aus der Erinnerung auftauchen.
- Nutzen Sie diese positive Energie, um die vor Ihnen liegende Aufgabe zu bewältigen.
- Falls sich trotzdem negative Gefühle wie Widerwillen oder Abneigung einstellen, versuchen Sie, den Sinn oder das Ziel der vor Ihnen liegenden Aufgabe zu erkennen. Welchen Gewinn kann sie Ihnen bringen?
- Suchen Sie dann nach einer Möglichkeit, die Arbeit so effektiv und interessant wie möglich zu gestalten.
- Wenn das immer noch nicht hilft, belastende Gefühle aufzulösen, so können Sie es mit der folgenden Affirmation versuchen, die Sie drei Minuten lang mit geschlossenen Augen innerlich langsam und mit voller Aufmerksamkeit wiederholen:

Ich übernehme Verantwortung und es fließt mir Kraft zu.

Gedankenkräfte erkennen

Pausenlos ist unser Bewusstsein besetzt, von ständig wechselnden Gedanken, nicht nur während des Tages sondern sogar noch in unseren Träumen. Nur während der so genannten Tiefschlafphase und in tiefer Meditation denken wir nichts.

Alle Gedanken, bewusste genauso wie unbewusste, sind Kräfte, die danach streben, sich zu verwirklichen. Gedanken haben häufig eine „emotionale Ladung". Kleine physikalische Teilchen sind bekanntlich positiv oder negativ geladen. Deshalb stoßen sich manche ab, andere ziehen sich an. Genauso ist es mit unseren Gedanken. Eine positive emotionale Ladung zieht andere Menschen an, die auf derselben „Wellenlänge" sind. Es entsteht Harmonie, unser Selbstwertgefühl wird gestärkt, wir können uns selbst verwirklichen. Negative emotionale Ladung stößt andere Menschen ab. Es kommt zu Energieblockaden, das Selbstwertgefühl wird sabotiert, unsere Kreativität behindert.

Deshalb ist es wesentlich, dass uns die emotionale Ladung der Gedanken bewusst wird, die unaufhörlich unseren Verstand beschäftigen. Erst dann können wir allmählich lernen, Gedanken zu lenken, Fehlreaktionen zu vermeiden und ein positives Bewusstseinsfeld aufzubauen. Zum Erkennen der Gedankenkräfte gehört auch, festzustellen, ob die positive oder negative emotionale Ladung aus uns selbst kommt oder aus der Umwelt. Wenn wir die Ursache von Spannungen sind, müssen wir natürlich an uns selbst arbeiten. Dann gilt es, ungünstige Einflüsse durch fördernde zu ersetzen. Wenn die Belastungen aber aus der Umwelt kommen, können wir darauf meist nur indirekt einwirken. Zu beiden Aspekten finden Sie im Folgenden jeweils eine kleine Übung.

Innere Spannungen auflösen

- Achten Sie so genau wie möglich darauf, wann sich negative Impulse zum erstenmal regen. Das lässt sich an Körperreaktionen ablesen, wie schwitzen, einem flauen Gefühl oder Schmetterlingen im Bauch, einer schnelleren Atmung, Druck oder Enge im Brustraum oder am „Rotwerden" im Gesicht. (Wenn Sie bereits mit Worten reagiert haben, dann haben Sie den Zeitpunkt übersehen, als sich die ersten negativen Gefühle geregt haben.)
- Schließen Sie dann für einige Momente die Augen und spüren Sie in sich hinein.
- Fühlen Sie in den Bauch hinein und wiederholen Sie mindestens drei , am besten zwölfmal: „Ich bin Ruhe".
- Nehmen Sie dann den Brustraum wahr und wiederholen Sie: „Ich bin Harmonie".
- Zum Schluss gehen Sie mit Ihrer Aufmerksamkeit in (oder vor) die Stirn und wiederholen gedanklich: „Ich bin schöpferische Kraft".

Auf diese Weise werden Sie langsam aber sicher lernen, positive Gefühls- und Gedankenkräfte und damit auch ein natürliches Selbstwertgefühl zu entwickeln.

Äußere Spannungen auflösen

Wenn Sie um sich herum negative Einflüsse spüren, gibt es drei Möglichkeiten zu reagieren:
1. Sie können weggehen. Das ist am einfachsten, aber oft nicht ohne weiteres möglich. Wir können meist nicht so mir nichts dir nichts den Arbeitsplatz verlassen oder aus der U-Bahn springen oder beim Einkaufen alles stehen und liegen lassen.
2. Sie können äußerlich reagieren, zum Beispiel, indem Sie sich beschweren, nörgeln, einen Streit anfangen. Das mag in manchen Fällen – die allerdings selten sind – wirklich so etwas wie die letzte Rettung sein. Meistens werden Probleme dadurch aber eher schlimmer als besser.
3. Sie können so schnell wie möglich „runterkommen“ und Ihre innere Ruhe wiederfinden. Dazu sollten Sie einige Male tief durchatmen, dabei – wenn Sie möchten – beide Hände auf den Bauch legen und innerlich „STOP“ rufen. Sie versäumen nichts, wenn Sie danach dreißig Sekunden mit größtmöglicher Klarheit darüber nachdenken, wie Sie am besten reagieren – oder ob Sie überhaupt reagieren sollen. In der Mehrzahl der Fälle hat es sich bewährt, zum Ruhepol zu werden und das Problem nicht noch mit zusätzlichen aufgebrachten Gefühlen „anzuheizen“.

Auf diese Weise laufen wir nicht weg, reagieren nicht emotional, sondern schaffen ein Kraftfeld der Ruhe und Übersicht in uns selbst. Nach kurzer Zeit werden sich die Schwierigkeiten wie von selbst auflösen.

Bewusstseinskraft durch Sammlung

Da Gedanken und Gefühle Kräfte sind, die sich ausdrücken wollen, lohnt es sich, damit verantwortungsvoll umzugehen. So wie wir unsere Wohnung regelmäßig putzen und aufräumen, so sollte auch unser Fühlen und Denken gereinigt werden, um es von überholten, unechten, ängstlichen, aggressiven oder entmutigenden Gedankenformen und Gefühlsmustern zu befreien. Unser Äußeres pflegen wir täglich, es ist ja auch allen anderen Menschen sichtbar! Wer aber kümmert sich um die seelische Reinigung? Denn auch unser Inneres teilt sich ständig nach außen mit, wenn auch auf „unsichtbare" Weise. Die Umwelt nimmt unsere Gefühlsschwingungen auf und reagiert entsprechend.

Außerdem bestimmt unser Innenleben unsere Wahrnehmung und damit unsere Erlebnisse, unsere Lebensführung und -erfahrungen. Und in wie vielen Menschen herrschen heutzutage Dämmerung oder Dunkelheit, Verzweiflung oder Mutlosigkeit!

Mit unseren Gedanken und Gefühlen gehen wir allzu oft sorglos und achtlos um. Jedoch hinterlässt jeder Gedanke Spuren im Unbewussten und schafft Neigungen oder sogar Zwänge. Wenn es uns dann einmal schlecht geht, machen wir häufig die Umwelt dafür verantwortlich und erkennen nicht, dass wir Unzufriedenheit oder Kraftlosigkeit uns selbst zuzuschreiben haben.

Die Umwelt reagiert auf unsere Vorwürfe, auch wenn sie gar nicht ausgesprochen werden, meist ebenso unbewusst und negativ. Es entsteht ein Teufelskreis, aus dem wir nur durch bewusste „Gedankenpflege" ausbrechen können. Auch deshalb sollten wir damit beginnen, unser Innenleben zu beobachten, Gedanken und ihre Gefühlsladung bewusst wahrzunehmen, positive Impulse fördern und ab und zu den „inneren Saustall" ausmisten, falls es mal wieder so weit gekommen ist, dass unsere Gefühle ins Kraut schießen. Ohne „Gedankenpflege" werden wir von fremden Kräften gedacht, gefühlt, gelebt und haben nur wenig Einfluss auf unser eigenes Leben.

In der Kultur des Ostens wie des Westens sind diese Zusammenhänge geistig entwickelten Menschen schon seit langer Zeit bewusst. So schrieb Gottfried Keller, indem er ein indisches Sprichwort aufgriff:

Wer heute einen Gedanken sät,
der erntet morgen die Tat,
übermorgen die Gewohnheit,
danach den Charakter
und endlich sein Schicksal.
Darum muss er heute bedenken,
was er heute sät,
und muss wissen,
dass ihm sein Schicksal einmal in die Hand gegeben ist: Heute!

Gedankenpflege

Welche Gedankenformen und Gefühlsmuster, die Ihr Selbstvertrauen blockieren, haben sich schon lange in Ihr Bewusstsein eingenistet? Diese gilt es zunächst einmal zu erkennen, bevor wir uns von ihnen befreien können. Prüfen Sie also jeden Tag aufs Neue, ob Ihre Bewusstseinsinhalte dem Ziel entsprechen, ein stabiles Selbstwertgefühl zu entwickeln.

Bei seelischen Spannungen sollten Sie versuchen, die Ursachen festzustellen; welche möglicherweise aus der Vergangenheit stammen.

Ein Beispiel: Ich bin ärgerlich, weil mein Freund mich nicht anruft. Die Zeit vergeht, er ruft immer noch nicht an. Jetzt werde ich traurig. Was ist die Ursache für den Ärger und die darauf folgende Traurigkeit? Wenn ich jetzt sage: „Ist doch klar, weil er nicht anruft" mache ich es mir zu einfach. Die wahre Ursache ist, dass ich *erwarte*, dass er anruft. Vielleicht glaube ich sogar, dass ich einen Anspruch auf seinen Anruf habe.

In Wirklichkeit ist die Ursache für meine gespannte Gefühlslage, dass ich mein Wohlbefinden vom Verhalten eines anderen Menschen abhängig mache. Doch das lässt sich ändern: indem ich mit dem Freund verabredete, ob und wie häufig wir uns gegenseitig anrufen oder indem ich etwas anderes unternehme, wenn er nicht wie vereinbart anruft.

Bei gefühlsmäßigen Spannungen ist die Frage meistens: weiterleiden oder sich von den Ursachen lösen? Dies können eigene Gefühlsmuster sein, aber auch das Verhalten anderer Menschen.

Noch wesentlicher ist jedoch, dass wir neue, positive Motive, Werte und Ursachen setzen. Wo etwas Positives besteht, hat das Negative keinen Raum mehr. Wenn im Keller eine Kerze angezündet wird, verschwindet die Dunkelheit von selbst. Wenn Sie Radfahren gehen, ins Fitnesscenter oder in eine Ausstellung, löst sich die Bedrückung über ein Problem viel rascher auf, als wenn Sie zu Hause bleiben und darüber brüten.

In unserem Bewusstsein wird das wachsen, dem wir Aufmerksamkeit, Zuwendung und Energie schenken. Solange wir uns mit Ablehnung und Neid, Verzweiflung oder Ärger beschäftigen, werden diese negativen emotionalen Ladungen munter weiterwachsen.

Wenn wir dagegen allen positiven Impulsen Aufmerksamkeit, Zuwendung und Energie schenken, dann wachsen die schöpferischen Kräfte ganz von selbst. Indem wir Hilfsbereitschaft und Verständnis stärken, indem wir Mitgefühl und Liebe fördern, während wir in uns ruhen und uns emotional nicht von anderen abhängig machen, entfaltet sich unser Selbstwertgefühl auf natürliche und verlässliche Weise.

Im täglichen Umgang können wir bewusst die guten Eigenschaften unserer Mitmenschen ansprechen. Damit helfen wir auch Ihnen, diese weiterzuentwickeln. Wir geben sozusagen Vertrauen auf Vorschuss und das stärkt die positiven Kräfte – auch unsere eigenen. Gleichzeitig sollten wir aber uns und anderen auch Fehler und Schwächen zugestehen, denn sie sind Teil unserer menschlichen Entwicklung.

Ein „Geheimnis des Erfolgs" liegt darin, positive „Vorwärtsenergie" zu entwickeln. Selbstverständlich können und sollen wir aus der Vergangenheit lernen. Aber es hat bekanntlich keinen Sinn zu versuchen, verschüttete Milch wieder in den Krug einzusammeln. Ebenso ist es sinnvoll, für die Zukunft zu planen und vorauszudenken. Sich zu sorgen bringt hingegen nicht viel und wirkt eher kontraproduktiv.

Am besten ist es, so sehr wie nur möglich in der Gegenwart zu sein – wach, aufmerksam, offen, gelassen, klar, sensibel, kraftvoll … Dann sind wir wandlungsfähig, wenn es notwendig ist, ohne am Alten zu hängen. Oder wir entwickeln beharrliche Festigkeit, wenn diese Eigenschaft gefragt ist – und schwanken nicht hin und her.

Wenn wir die nötige Zielorientiertheit entwickeln und innerlich richtig „gepolt" sind, dann ergeben sich die hilfreichen und förderlichen Denk-, Gefühls- und Handlungsweisen wie von selbst. Wenn wir ganz verinnerlicht haben, wohin die Lebensreise gehen soll und welche Werte dabei wichtig sind, dann entwickeln wir in Unter- und Überbewusstsein eine Eigensteuerung, die wie eine Kompassnadel immer nach Norden zeigt, welche uns jederzeit auf das richtige Ziel hinführt.

Welche Ziele, welche Werte könnten die „richtigen" sein? Einige Beispiele will ich an dieser Stelle nennen, die Liste kann aber keineswegs vollständig sein:

Familiensinn
Gotterkenntnis
Nächstenliebe
Selbsterkenntnis
Selbstloser Dienst am Nächsten
Selbstverwirklichung

Bei Werten wie „Erfolg“, „Ruhm“, „Macht“ usw. ist eher Vorsicht geboten. Worin bestehen sie? Womit werden sie erkauft? Wohin führen sie? Nach welchen und wessen Maßstäben misst sich Erfolg? Wenn jemand in der Zeitung steht? Wählen Sie daher als Ihr persönliches Ziel eindeutig positive und immaterielle Werte aus.

Welche Kräfte müssen wir nun fördern, um Ziele anzustreben, die es uns wirklich wert erscheinen? Auch diese Aufzählung muss natürlich unvollständig bleiben:
Bewusstheit
Charakterstärke
Demut
Ehrlichkeit
Frieden
Geduld
Harmonie
Innere Freiheit
Intuition
Lebensbejahung
Lebensfreude
Ruhe
Selbstvertrauen
Toleranz
Verstehen
Vertrauen
Wachheit
Wahrhaftigkeit
Wahrheit
Willenskraft

Loslassen und Einstimmen

Es gibt eine einfache Übung, wie man sich diese Eigenschaften bewusster machen und ihre Kraft stärker in sich verankern und zur Entfaltung bringen kann.

- Setzen Sie sich entspannt, aufrecht und bequem hin.
- Schließen Sie die Augen und atmen sie ein bis zwei Minuten lang ganz ruhig und natürlich ein und aus.
- Denken Sie beim Einatmen „Los …"
- und beim Austamen „… lassen".

Schon nach kurzer Zeit werden Sie gelassener, entspannter, ruhiger und klarer sein. Dann kommt der zweite Teil der Übung. Dazu wählen Sie sich eine einzige Eigenschaft aus, die Sie jetzt gerade besonders brauchen oder gern weiterentwickeln möchten.

- Beim Einatmen denken Sie mit der einströmenden Luft „Ich bin Freude" oder „Ich bin Klarheit" bzw. die gewählte Eigenschaft.
- Beim Ausatmen lassen Sie die Schwingung dieser Eigenschaft durch Ihren ganzen Körper fließen.
- Machen Sie das einige Minuten lang bzw. so lange, bis Sie spüren, dass Sie davon ganz erfüllt sind und Sie diese Eigenschaft nun sogar über die Begrenzungen Ihres Körpers hinaus ausstrahlen.
- Überprüfen Sie nochmals Ihre Körperhaltung. Nehmen Sie die Haltung ein, die der gewählten Eigenschaft am besten entspricht.
- Vergleichen Sie, ob Sie sich jetzt anders fühlen als noch vor ein paar Minuten – vielleicht besser?
- Nehmen Sie sich zum Abschluss dieser kleinen Übung vor, die gewählte Schwingung auch im Alltag zu spüren und auszustrahlen.

Kommunikation und Selbstbewusstsein

Was bedeutet eigentlich Kommunikation? Welchen Ursprung hat dieses Wort und wie wird es in der heutigen Umgangssprache verwendet? Das Fremdwörterlexikon erläutert das Stichwort Kommunikation folgendermaßen: „1. Verständigung untereinander, Umgang, Verkehr. 2. Verbindung, Zusammenhang.“

Überlegen wir einmal, was sonst noch alles zu diesem wichtigen Begriff dazugehört: Gespräch, Austausch, Ausdruckskraft und Geschick in der Vermittlung. Sachverwandte Wörter sind „Kommune“, also ein Gemeinwesen und nicht zuletzt „Kommunion“: der Geist eines Gläubigen verbindet oder vereinigt sich während einer symbolischen religiösen Handlung mit dem Heiligen Geist.

Kommunikation in seiner ursprünglichen Bedeutung soll im menschlichen Miteinander das zum Ausdruck bringen, was sie verbindet – nicht was sie trennt. Erfolgreiche Kommunikation stellt also das Gemeinsame in den Mittelpunkt des Austauschs. Bei einer solchen Form der Verständigung wird jeder der Beteiligten respektiert und damit in seinem Selbstwert gestärkt. Man entdeckt beim gemeinsamen Umgang Verbindungen und Zusammenhänge, man kann sich ausdrücken, wird gehört und verstanden.

Meistens hapert es aber in unserer Kommunikation. Entweder reden wir aneinander vorbei oder wir üben Kritik und legen das Gewicht auf das, was uns voneinander trennt. Meist sind dann Abwertung und Streit nicht mehr weit und das Selbstwertgefühl steigt bestenfalls bei den Stärkeren, die sich verbal oder auf andere Weise durchsetzen können, vielleicht aber auch bei keinem Teilnehmer dieser schief gelaufenen Kommunikation.

Kommunikation spielt für das Selbstbewusstsein eine zentrale Rolle. Bin ich mir darüber im Klaren, was ich fühle, denke und möchte? Drücke ich dies verständlich und nachvollziehbar aus und zwar so, dass auch mein Gegenüber sich anerkannt und angenommen fühlt? Ein ganzer Abschnitt soll diesem Thema und seinen wichtigsten Aspekten gewidmet sein.

Es gibt

- 5 Lernschritte zur richtigen Kommunikation,
- 7 Grundregeln des richtigen Zuhörens,
- 7 Schlüssel zum richtigen Sprechen,
- 7 Fragen, um gute Informationen zu erhalten,

das 5-Wochen-Training um wahrhaftig, hilfreich und freundlich zu sprechen.

Die fünf Lernschritte der Kommunikation

1. Schritt: Lernen Sie, richtig zuzuhören.
2. Schritt: Denken Sie darüber nach, was Sie (sagen) wollen.
3. Schritt: Holen Sie alle wichtigen Informationen ein.
4. Schritt: Überlegen Sie, wie Sie etwas am besten sagen.
5. Schritt: Lernen Sie, sich wirkungsvoll mitzuteilen.

1. Schritt: Lernen Sie, richtig zuzuhören.

Uns Frauen fällt es häufig leichter als Männern zuzuhören, außer wenn wir emotional verletzt sind. Es gibt jedoch einen bedeutenden Unterschied zwischen einfachem, stillem oder eher stummem Anhören und aktivem Zuhören. Beim aktiven Zuhören versuchen wir, die Gedankengänge unseres Gegenübers nachzuvollziehen sowie seine Motivation und Gemütslage zu erspüren. Wir verschaffen uns so ein gutes und möglichst umfassendes Bild darüber, wie sich unser Gesprächspartner gerade fühlt. Von Fall zu Fall müssen dann entscheiden, ob das „richtige" Zuhören darin besteht, einer Freundin emotionale Anteilnahme zu geben oder der Erklärung des Freundes eher ruhig und aufmerksam zu folgen, wenn er stolz darüber berichtet, wie er ein technisches Gerät repariert hat.

2. Schritt: Denken Sie darüber nach, was Sie (sagen) wollen.

Dieser Schritt klingt zwar selbstverständlich, ist es aber nicht. Eine ganz einfache Übung hilft, mit der Zeit ganz automatisch mehr darüber nachzudenken, was Sie eigentlich sagen möchten, bevor Sie reagieren. Besonders bei schwierigeren Gesprächen ist es sinnvoll, sich an diese Übung zu erinnern: Atmen Sie einfach einmal tief durch, schöpfen richtig Luft und atmen dann ruhig aus. Damit gewinnen Sie Zeit – vielleicht 15 Sekunden – und das reicht aus, um kurz nachzuspüren, was Sie wollen und welche Reaktion eine sinnvolle Kommunikation am meisten fördert.

3. Schritt: Holen Sie alle wichtigen Informationen ein.

Alle für ein Gespräch nötigen Informationen einzuholen, ist eine der Grundlagen für gute und wirkungsvolle Kommunikation. Das gilt selbstverständlich im Beruf, bei wichtigen Entscheidungen über Personal oder

Einkauf, ebenso wie bei allen anderen wichtigen Verhandlungen und Gesprächen, die greifbare und vor allem befriedigende Ergebnisse bringen sollen. Es gilt jedoch auch für Ratschläge, um die uns Freunde bitten, besonders in Bezug auf zwischenmenschliche Beziehungen. Eine goldene Regel besagt, dass man immer mindestens zwei Seiten hören sollte, bevor man sich eine Meinung bildet.

4. Schritt: Überlegen Sie, wie Sie etwas am besten sagen.

Bevor wir sprechen, unser Anliegen vermitteln, uns ausdrücken, sollten wir nicht nur wissen, was wir sagen möchten, sondern ebenso, wie wir das am besten tun können. Auch hier hilft es, sich anzugewöhnen, erst noch einmal richtig tief, genüsslich und wohlig durchzuatmen, um die gewonnene Zeit dazu zu nutzen, sich in sich selbst zu verankern und zu zentrieren. Probieren Sie es aus: Sie spüren dann fast automatisch, wie Sie sich am überzeugendsten und gleichzeitig freundschaftlichsten ausdrücken können.

5. Schritt: Lernen Sie, sich wirkungsvoll mitzuteilen.

Wie man sich wirkungsvoll mitteilt, kann man in manchen Rhetorik-Kursen lernen. Dieses Buch bietet nicht den Rahmen, darauf erschöpfend einzugehen. Aus meinen Erfahrungen in der Arbeit mit dem Thema Kommunikation möchte ich Ihnen jedoch als wichtigen Hinweis mit auf den Weg geben, dass weniger die Technik, sondern vielmehr das Herz entscheidet. Es geht nicht um verbale Tricks und rhetorische Kniffe, sondern um eine Kommunikation, in der das Bemühen um Gemeinsames und Verbindendes wirklich von Herzen kommt.

Die sieben Grundregeln des richtigen Zuhörens

1. Schauen Sie den anderen Menschen an, während er/sie spricht.
2. Lassen Sie Ihre/n Gesprächspartner/in immer aussprechen.
3. Entwickeln Sie aufrichtiges Interesse an Ihrem Gesprächspartner.
4. Bekunden Sie Ihr Interesse – durch Gestik, Mimik und Körperhaltung.
5. Fragen Sie gezielt nach – zum einen um Ihr Interesse zu zeigen und zum anderen immer dann, wenn Sie etwas nicht verstehen.

6. Werten Sie nicht, sondern hören Sie zu.
7. Versetzen Sie sich in Ihr Gegenüber hinein.

Diese Punkte bedürfen wohl kaum einer weiteren Erläuterung. Nur beachten müssen wir sie und uns an sie erinnern!

Auch das richtige Sprechen lässt sich in sieben klare Punkte aufgliedern, die selbsterklärend und leicht einzuüben sind.

Die sieben Schlüssel zum richtigen Sprechen

1. Klarer Inhalt: *Was will ich sagen?*
2. Aufrichtiges Motiv: *Warum will ich es sagen?*
3. Herzlicher Tonfall: *Sage ich es liebevoll?*
4. Positiver Selbstausdruck: *Spreche ich mit Selbstbewusstsein?*
5. Gute Verständlichkeit: *Spreche ich einfach und klar?*
6. Persönliche Offenheit: *Schaue ich den anderen an?*
7. Zwischenmenschliche Sympathie: *Kommuniziere ich, dass ich gern mit dem anderen spreche?*

Oft genug fällt es gerade Frauen in einer eher männlich dominierten Welt schwer, auf Fragen gescheite Antworten zu bekommen. Um beim Sammeln von Informationen erfolgreicher zu werden, sollten wir daher folgende Aspekte beachten.

Sieben Fragen, um gute Informationen zu erhalten

1. Hat der andere Sie als Fragestellende emotional wahrgenommen?
2. Hat der andere Ihr Anliegen verstanden?
3. Ist die gegebene Information Meinung oder Tatsache, ist sie spekulative Annahme oder gesichertes Wissen?
4. Geht es in der Mitteilung um Gefühle oder um Ideen?
5. Ist der Grund des Gesprächs das Bedürfnis, sich auszusprechen oder geht es darum, zu „klatschen" und die Zeit totzuschlagen?
6. Hilft Ihnen die Information weiter oder nicht?
7. Haben Sie sich für die Information bedankt?

5-Wochen-Training der Kommunikation

Grundlage für Kommunikation im ursprünglichen Sinn des Wortes – Verbindendes zum Ausdruck bringen, sich gemeinschaftlich austauschen – sind drei Qualitäten des Herzens: „Sprich, was wahr, hilfreich und freundlich ist!“ Wenn Sie einen größeren Quantensprung in Ihren Kommunikationsgewohnheiten anstreben, möchte ich Ihnen dazu ein „5-Wochen-Training“ ans Herz legen.

1. Woche: Wahrhaftig sprechen
2. Woche: Hilfreich sprechen
3. Woche: Freundlich sprechen
4. Woche: Mindestens alle diese Qualitäten zugleich anstreben
5. Woche: Wahrhaftig, hilfreich und freundlich zugleich sprechen!

Erinnern Sie sich in der ersten Woche täglich möglichst häufig an eines der drei genannten Merkmale guter Kommunikation: Prüfen Sie selbstkritisch, ob das, was Sie sagen, der Wahrheit entspricht. Was Wahrheit ist, können Sie selbst in Ihrem Herzen spüren. Beginnen Sie bitte dieses 5-Wochen-Training tatsächlich nur mit *einer* Qualität – versuchen Sie nicht, alles gleichzeitig umzusetzen, das wäre wirklich zu viel des Guten (auf einmal).

Konzentrieren Sie sich in der zweiten Woche darauf, hilfreich zu sprechen. Das bedeutet, nichts zu sagen, was unwichtig ist, vom Ziel wegführt, fruchtlose Vorwürfe oder längst vergangene, nicht mehr änderbare Ereignisse betrifft.

Üben Sie schließlich in der dritten Woche, freundlich zu sprechen. Freundlich ist in erster Linie das, was dem anderen hilft, Ihnen ohne Probleme zu folgen. Es kann gleichzeitig Ihnen beiden helfen, sich im wahrsten Sinne des Wortes besser zu verstehen – und damit auch besser zu fühlen.

Versuchen Sie nun in den folgenden beiden Wochen, zunächst zwei, dann drei der Eigenschaften einer harmonischen und erfolgreichen Kommunikation zu pflegen. Und lassen Sie den Kopf nicht hängen, wenn es nicht gleich auf Anhieb so gut klappt. Das Bemühen zählt!

Partnerbilanz

Ein besonderes Thema bildet die Kommunikation in der Partnerschaft. Meist liegt hier der Schlüssel zum Erfolg oder Misserfolg einer Beziehung, zum Verstehen und Verstandenwerden, zu liebevollem Miteinander oder ewiger Nörgelei. Deshalb möchte ich Sie an dieser Stelle dazu einladen, eine „Partnerbilanz“ zu ziehen und darüber eventuell auch mit Ihrem Partner zu sprechen.

Wenn Sie allerdings das Gefühl haben, dass bereits die Beschäftigung mit den hier angesprochenen Themen eine Krise auslösen könnte – die vielleicht bislang noch im Untergrund schwelt – und Sie sich dem nicht gewachsen fühlen, dann machen Sie diese Übung zunächst einmal für sich allein. Vielleicht möchten Sie etwas später den Schritt wagen, mit Ihrem Partner ein Gespräch darüber zu beginnen

Verstehen und Verstandenwerden

Notieren Sie

- die fünf wichtigsten Gründe, warum Sie mit Ihrem Partner ursprünglich zusammengekommen sind bzw. was Sie an Ihm angezogen hat.
- fünf weitere Gründe, was Ihnen an Ihrem Partner gut gefallen hat bzw. immer noch gefällt.
- was Sie jetzt am Partner stört, ärgert, traurig macht oder abstößt.
- was Sie selbst Ihrem Partner geben können und wollen.
- und was Sie von Ihrem Partner erwarten.
- für welche Anteile des Missverständnisses, des Streits, der Probleme in Ihrer Beziehung Sie die Ursachen oder Auslöser bei sich selbst suchen sollten.
- was Sie beide jetzt (noch) verbindet. Schreiben Sie mindestens drei Punkte auf!
- was der sinnvolle nächste Schritt wäre. Stellen Sie sich dabei vor, dass Sie in fünf Jahren auf diese Situation zurückblicken.
- Falls das Ihnen mehr hilft, können Sie sich auch fragen: Was würde meine Seele in dieser Lage tun? oder: Was würde Gott wollen, wie ich mich in dieser Situation verhalten soll?“

Lesen Sie das Geschriebene nach ein paar Tagen nochmals in Ruhe durch, verändern Sie, was noch nicht stimmt. Und falls – aber wirklich nur falls – Sie und Ihr Partner sich danach fühlen, kann er ebenfalls in Ruhe für sich diese Fragen beantworten. Setzen Sie sich dann in entspannter Atmosphäre zusammen, vielleicht bei einem guten kleinen Abendessen ohne jegliche Ablenkung. Sie sind es wert, dass Sie sich Zeit für sich selbst und Ihren Partner nehmen. Besprechen Sie dann alles in Ruhe, lesen sich vielleicht die Punkte gegenseitig vor oder lassen den anderen lesen.

Dabei gibt es eine ganz wichtige Regel: Lesen bzw. Zuhören bitte ohne jede Reaktion – weder verbal noch stimmlich, mimisch oder sonstwie. Nehmen Sie das, was Ihr Partner zu mitzuteilen hat, erst einmal offen, neutral und ohne jede Beurteilung zur Kenntnis. Dann erst, nach mehrmaligem Durchatmen, könnten Sie das Gespräch beginnen, etwa mit einer Frage wie: „Kannst du verstehen, wie ich mich fühle?“ Oder „Kannst du es annehmen, dass ich so darüber denke?“ Seien Sie sehr behutsam mit dieser Übung, Sie müssen Ihrem Partner auch nicht gleich alles mitteilen, was Sie an ihm stört. Fangen Sie langsam an und bleiben Sie dabei in Ihrem Herzen!

Probleme kommunizieren

Was ich nicht äußere, kann ein anderer Mensch auch nicht wissen. Und dass er von mir etwas nicht weiß, kann ich ihm nicht vorwerfen, solange ich mich nicht geäußert habe. Es liegt also in meiner Verantwortung, Dinge, die mich angehen oder die ich brauche, zu kommunizieren.

Wenn ich ein Problem habe, muss ich lernen, es in geeigneter, freundschaftlicher Weise, in klaren Worten und zum richtigen Zeitpunkt zur Sprache zu bringen, wenn eine Chance zur Klärung bestehen soll.

Bei Konflikten – sei es im privaten oder im beruflichen Bereich – besteht die Hauptfalle darin, dass wir die Kommunikation aus verletzter Eitelkeit, aus Ärger oder anderen Gründen abbrechen. Wenn wir es erst soweit haben kommen lassen, ist die Chance zur konstruktiven Konfliktlösung gering.

Deshalb sollten wir uns – sozusagen als „Vorleistung“ – bemühen, die Kommunikation in jedem Fall aufrechtzuerhalten.

Es ist legitim, dass zwei Menschen unterschiedlicher Meinung sind. Deshalb können Sie sich trotzdem gegenseitig respektieren und sogar mögen!

Affirmation für mehr Selbstbewusstsein

Aus meiner eigenen Lebenspraxis heraus möchte ich Ihnen einen praktischen Tipp geben, um mehr Selbstbewusstsein zu entwickeln.

Schreiben Sie in schöner, großer Schrift die folgende Affirmation auf ein Blatt Papier und hängen oder kleben Sie es zum Beispiel an den Spiegel im Badezimmer, wo es Ihnen mehrmals täglich begegnet. Die Affirmation lautet:

Ich stehe zu mir, denn ich habe das Recht, meine verborgenen Fähigkeiten sichtbar zu leben!

Probieren Sie es aus: Sprechen sie diesen Satz am besten mehrmals am Tag – immer wenn Sie dem Zettel im Bad begegnen – fünfmal halblaut vor sich hin. Sie können sich dabei auch im Spiegel in die Augen schauen. Sprechen Sie die Affirmation – wenn Sie möchten bis zu zehnmal hintereinander – langsam und deutlich, voller Stärke und Freude sowie innerer Überzeugung. Tun Sie es nach Bedarf und Gefühl, finden Sie dabei Ihren eigenen Rhythmus. Sie werden feststellen, dass Sie sich schon nach wenigen Tagen innerlich gestärkt fühlen.

Den Tag begrüßen

Stehen Sie aufrecht – vielleicht auf dem Balkon, im Garten oder vor einem offenen Fenster –, machen Sie ein, zwei Schritte vorwärts und öffnen Sie dabei die Arme so, als ob Sie einen lieben Menschen umarmen wollen. Dabei sagen Sie morgens halblaut:

Ich begrüße den Tag voller Zuversicht. Heute werde ich bewusst leben!

Am Abend sagen Sie:

Ich bin mit mir und meinem Tag zufrieden und werde morgen sogar noch besser und intensiver leben!

Auf die Körperhaltung kommt es an

Diese dritte Übung ist noch schlichter – und genauso wirksam wie die beiden vorigen:

Achten Sie darauf, dass Sie möglichst immer aufrecht stehen oder sitzen, wenn Sie mit anderen Menschen sprechen oder ihnen zuhören. Ihre Körperhaltung signalisiert Ihr Selbstwertgefühl, Ihre Kompetenz und Ihre Offenheit.

Sie brauchen dabei nicht stocksteif oder mit durchgedrücktem Hohlkreuz zu sitzen oder zu stehen, aber Sie müssen sich auch nicht genieren, dass Sie im wahrsten Sinne des Wortes Rückgrat zeigen und auch den Brustkorb aufrecht halten. Damit fällt zudem nicht nur die Neigung zum „Buckeln" weg, sondern auch der im Allgemeinen unnötige Selbstschutz durch vorgezogene Schultern.

Hängen Sie sich außerdem einen kleinen Zettel in die Küche oder an den Arbeitsplatz, auf den Sie folgenden Satz schreiben:

Ich teile mich heute und immer so mit, wie ich bin, fühle und denke. Ich lasse mich nicht durch Sätze begrenzen wie „Was werden die anderen wohl von mir denken oder später über mich sagen?"

Haben Sie den Mut, Sie selbst zu sein, denn Sie sind als Mensch einzigartig – in Ihrem Denken, Fühlen und Handeln.

Inhalt ist wichtiger als Form

Gerade Männer sind mehr an Inhalten interessiert als an einer hübschen „Verpackung", sie sind meist ungeduldiger und möchten so schnell wie möglich „zur Sache kommen". Wenn Sie mit anderen Frauen sprechen, gelten eigene Gesetze. Im Austausch mit Männern – sowohl in der

Beziehung als auch im Beruf – gilt jedoch, dass die meisten leichter auf Sie eingehen können, wenn Sie sich einer sachlich orientierten Sprache bedienen.

Machen Sie sich selbst klar, was Sie sagen möchten. Worum geht es Ihnen? Möchten Sie

- liebevolles Einverständnis erreichen?
- Informationen übermitteln?
- ein wenig lockeren Klatsch austauschen?
- den anderen veranlassen, etwas Bestimmtes zu tun?
- sich über Gefühle austauschen?
- über Fragen nach dem Lebenssinn sprechen?

Die Form, also wie Sie etwas sagen – mit welchen rhetorischen Mitteln oder mit welcher Sprachtechnik – spielt auch hier nur eine untergeordnete Rolle. Der bewusst überlegte, sinnvolle Inhalt ist die eine Seite der Erfolgsmedaille in der Kommunikation, die menschliche Anteilnahme ist die zweite Seite, die ebenfalls nicht vernachlässigt werden sollte, wenn Sie Ihr Gegenüber wirklich erreichen möchten.

Menschliche Anteilnahme statt männlicher Muster

In der Regel sind wir Frauen empfindsamer, offener, empfänglicher, „weicher" und gefühlvoller als Männer (Ausnahmen auf beiden Seiten bestätigen die Regel!). Lassen Sie sich nicht einreden, dass diese Qualitäten in der heutigen Kommunikation nicht mehr „in" seien oder dass solche Eigenschaften Ihren Erfolg in der Gesellschaft verhinderten.

Es geht nicht darum, dass wir Frauen wie Männer werden, sondern dass wir unsere geschlechtsspezifischen wie individuellen Qualitäten entdecken und akzeptieren – und sie zu unseren selbstverständlichen Stärken machen.

Menschliche Anteilnahme, über das sachliche Interesse sowie die Kompetenz in Bezug auf Pläne und Projekte hinaus, ist unsere Stärke. Welchen Nutzen haben Menschen von Plänen und Projekten? Welche Motive bewegen unsere Gesprächspartner dazu, diese oder jene Angelegenheit zum Thema zu machen?

Die Kunst besteht darin, menschliche Anteilnahme und eigenen Mitwirkungswillen sowie unsere Gestaltungskompetenz gleichberechtigt einzubringen. Dazu müssen wir uns zuerst einmal selbst akzeptieren, uns mit uns wohl fühlen und zu uns stehen.

Wir müssen uns in diesem Zusammenhang bewusst machen, dass Stärke auch freundlich sein kann, dass Kraft nicht manipulativ sein muss und dass bei Planungen und Beschlüssen der Nutzen möglichst vieler Menschen im Vordergrund stehen sollte. Und dazu brauchen wir den Mut, wir selbst zu sein – nicht, indem wir „die" Männer verurteilen und uns gegen sie abgrenzen, sondern in natürlichem Selbstbewusstsein und in der Absicht, kreativ und konstruktiv mit allen anderen zusammenzuarbeiten.

Das Schweigen der Männer

Männer sind häufig nicht an Gesprächen von Frauen über Gefühle interessiert. Sie haben meistens vielmehr ihre Pläne und Projekte, Ideen und Vorhaben im Kopf.

Frauen hingegen sind allgemein in wesentlich geringerem Maße an Ideen oder Projekten interessiert; für sie stehen vor allem ihre seelischen Empfindungen im Vordergrund.

„Lasst doch die Männer endlich in Ruhe" und „Frauen sind von der Venus, Männer sind vom Mars", heißen zwei Bücher, die sich mit diesen männlich-weiblichen Diskrepanzen näher auseinander setzen. Vermutlich haben Sie schon von diesen Büchern gehört. Die Titel deuten bereits an, dass es anscheinend bestimmte Unterschiede gibt, die sich nicht einfach vom Tisch kehren lassen. Demnach sollten wir diesen Zustand wohl akzeptieren und uns darauf einrichten, dass innerhalb einer Partnerschaft jeder auch seinen eigenen Kreis von Freunden bzw. Freundinnen und Aktivitäten hat.

Wenn jedoch die Frau oder der Mann – oder sogar beide – in einer Partnerschaft „stumm" werden, dann ist das ein Warnsignal, dass keine sichere gemeinsame Basis mehr besteht. Denn so selbstverständlich es ist, dass wir manches am liebsten mit unserer besten Freundin besprechen: Wenn sich die Kommunikation in der Ehe oder Partnerschaft auf den sachlichen Tagesablauf beschränkt oder auf materielle Notwendigkeiten, dann stimmt etwas grundlegend nicht (mehr).

Wenn Sie das Gefühl haben, dass Ihr Partner immer mehr schweigt – oder Sie selbst –, dann sollten Sie das am besten ganz offen mit ihm besprechen. Sagen Sie ihm, dass es etwas gibt, das Ihnen am Herzen liegt. Ersparen Sie ihm und sich selbst irgendwelche Vorwürfe – Vorwürfe führen so gut wie nie weiter!

Halten Sie Ihrem Partner nicht vor, was er Ihrer Ansicht nach alles falsch macht, sondern sprechen Sie von sich selbst. Reden Sie über Ihre emotionalen Bedürfnisse, darüber, dass Sie sich mehr Gespräche, mehr Kommunikation wünschen, dass Sie mehr Zeit mit ihm verbringen möchten.

Wenn Sie Ihre Bedürfnisse nicht ausdrücken, wenn Sie Ihre Gedanken und Gefühle nicht zur Sprache bringen – wer dann? Je klarer und „sachlicher“ Sie Ihrem Partner gegenüber ausdrücken, was Sie von ihm möchten, was Sie sich im Leben erhoffen, wovor Sie Angst haben und welche Ziele Ihnen vorschweben, desto mehr Chancen geben Sie ihm (und sich selbst), dass er wirklich auf Sie eingehen und sich sinn- und liebevoll mit Ihnen austauschen kann. Probieren Sie es aus!

Ursachen für mangelndes Selbstvertrauen

Für seine Handlungen sich allein verantwortlich fühlen
und allein ihre Folgen, auch die schwersten, tragen,
das macht die Persönlichkeit aus.
Ricarda Huch

Emotionale Blockaden sind sowohl Warnsignale als auch Entwicklungschancen zugleich. Wenn wir das Gefühl haben, aus irgendeinem Grund nicht so sein zu können wie wir eigentlich sind, dann wirkt sich das auf unser Selbstvertrauen aus. Wir lassen die Schultern oder den Kopf hängen, machen ein missmutiges Gesicht, sind „schlecht drauf", nörgeln an anderen herum oder sind überempfindlich und fassen jede Bemerkung als persönliche Kritik auf …

Doch was sind die häufigsten Ursachen für einen Mangel an Eigenliebe, an Vertrauen und Akzeptanz uns selbst gegenüber? Unten finden Sie eine Übersicht, die vermutlich nicht vollständig ist. Benutzen Sie sie ruhig als Arbeitsvorlage und machen sich auf dieser Seite Notizen. Zum Beispiel können Sie die Punkte, die Sie gar nicht betreffen, durchstreichen; andere, an denen Sie arbeiten möchten, unterstreichen Sie. Fügen Sie auch weitere Aspekte hinzu, die für Sie zutreffend sind. Überlegen Sie, ob die genannten Blockaden auf sie nur wenig oder eher stark zutreffen.

Ich fühle mich in meinem Selbstvertrauen

durch:	gar nicht	wenig	stark blockiert
• Angst vor Enttäuschung	○	○	○
• Ängste allgemein	○	○	○

	gar nicht	wenig	stark blockiert
den Glauben, „zu“ sensibel zu sein	○	○	○
den verinnerlichten Satz „Ich bin mir selbst nichts wert“	○	○	○
dominante Eltern und/oder Geschwister	○	○	○
eigene Überheblichkeit	○	○	○
Figur- und Gewichtsprobleme	○	○	○
Gefühl der Sinnlosigkeit	○	○	○
gesundheitliche Probleme	○	○	○
Mangel an Liebe – früher und jetzt	○	○	○
Misserfolge in Beruf, Sport und Partnerschaft	○	○	○
negative Selbstgespräche	○	○	○
negatives Feedback von außen	○	○	○
Schüchternheit	○	○	○
unklare Einflüsse aus Umwelt und Umgebung	○	○	○
„alte“ Verhaltensweisen aus der Kindheit	○	○	○

	gar nicht	wenig	stark blockiert
weil ich einer Minderheit angehöre	○	○	○
Ziel- und Orientierungslosigkeit	○	○	○
Zwänge ganz allgemein	○	○	○
....	○	○	○
....	○	○	○
....	○	○	○
....	○	○	○
....	○	○	○

Blockaden sind Warnsignale

Blockaden sind Warnsignale, weil sie uns wissen lassen, dass energetisch etwas nicht stimmt, dass wir Kraft verlieren bzw. verschwenden oder dass unsere Energien stagnieren. In der chinesischen Medizin benutzt man Akupressur und Akupunktur, um gestaute Energie wieder fließen zu lassen oder energetische „Löcher" aufzufüllen. Es gibt auch so etwas wie „geistige Akupunktur". Dabei werden die Punkte, an denen etwas nicht stimmt, bewusst gemacht. Bereits indem wir wahrnehmen, in welchem Bereich etwas im Argen liegt, können blockierte Energien in Bewegung und damit wieder mehr in Harmonie kommen. Allein durch die Absicht oder den Wunsch, etwas am aktuellen Zustand zu ändern, werden Selbstheilungskräfte aktiviert, die unsere Eigenliebe und damit unser Selbstwertgefühl fördern.

Probieren Sie es aus. Es kann durchaus sein, dass Ihnen die Bewusstwerdung einen kleinen „Stich" verursacht. So wie der Einstich der Akupunkturnadeln in die Haut kurz etwas weh tut, kann das „Eindringen" des Bewusstseins in die Schicht der Alltagsgedanken und -gefühle auf dem Weg zu dem, was tiefer darunter liegt, zunächst etwas schmerzen. Aber er deckt möglicherweise eine schwelende Wunde auf und führt letztlich zu einem Heilungsprozess.

Blockaden sind Entwicklungschancen, weil sie uns auffordern, an uns zu arbeiten. Denn fast immer werden wir die Ursachen eher bei uns selbst entdecken, als in der Umwelt. Das stärkste und häufigste Hemmnis für eine Eigenliebe und Selbstverwirklichung ist Angst. Und mit unseren Ängsten müssen wir uns etwas eingehender beschäftigen.

Mit Ängsten umgehen lernen

Angst kommt von „Enge". Beispiele für Ängste sind: Existenzangst, Todesangst, Angst vor Veränderungen oder Verlust, Trennungs- und Bindungsängste, Angst vor Wasser oder Angst vor der Tiefe des Wassers, Höhenangst, Platzangst, Angst vor Krankheit und Tod, Angst vor der Wahrheit.

Beginnen Sie, Ihre Angst als Freund und nicht als Feind zu sehen! Doch dazu müssen wir uns erst einmal den Ursachen von Angst zuwenden.

Die Ursachen der meisten Ängste sind zum einen ein Mangel an Urvertrauen. Wir haben zu wenig Vertrauen in uns selbst, hegen große Zweifel und können uns selbst nicht so akzeptieren, wie wir sind. Eine weitere Ursache ist, dass jeder von uns in eine „Familiengeschichte" hineingeboren wird, die unser Leben, unsere Meinungen und Ansichten über Beruf, Wohnen und Freizeit größtenteils festlegt. Es fällt uns enorm schwer, diese Prägungen abzulegen und eine andere Richtung einzuschlagen – in ein weniger zwanghaftes Leben. Wir meinen zum Beispiel, ein bestimmtes Einkommen haben zu müssen. Verdienen wir weniger, betrachten wir uns vielleicht als Versager, tun so „als ob" und belügen uns damit selbst. Ein Teufelskreis beginnt.

Lassen Sie Ihr Leben und sich selbst nicht dadurch begrenzen, was andere Menschen, die „Gesellschaft" – und auch die Mitglieder Ihrer Familie – über Sie denken oder sagen könnten!

Im Allgemeinen nehmen wir lieber in Kauf, zu leiden und uns schlecht zu fühlen, als das Risiko einzugehen, glücklich und zufrieden zu sein. Wer nichts riskiert, kann aber auch nichts gewinnen! Veränderung bedeutet auch, sich auf etwas Ungewisses und Unbekanntes einzulassen, von dem man nicht weiß, wie es ausgehen wird. Aber gerade das ist ja das Spannende und Aufregende an Veränderungen in unserem Leben!

Es wäre doch auch langweilig, zwanzig Jahre lang das gleiche Parfum zu verwenden oder mit ein und derselben Wohnungseinrichtung zu leben. Sie werden für sich und Ihre Umwelt interessanter, wenn Sie Veränderungen wagen.

Haben Sie daher den Mut sich zu verändern, sei es beruflich, indem Sie sich für den Job bewerben, den sie schon immer haben wollten, indem Sie ein neues Hobby erlernen oder in ein neues Haus oder eine neue Wohnung ziehen. Vielleicht möchten Sie sogar in ein anderes Land gehen. Sie werden sehen, dass Sie an Selbstvertrauen und Lebenskraft gewinnen und dadurch auch in anderen Angelegenheiten sicherer und entscheidungsfreudiger werden.

Als Affirmation können Sie sich an den Kühlschrank oder auf den Schreibtisch heften:

Ich habe den Mut, mein Leben selbst zu bestimmen.

Warum sind manche Menschen eigentlich mehr und andere weniger erfolgreich? Ich glaube, der Unterschied zwischen erfolgreichen und erfolglosen Menschen liegt darin, wie sie mit Veränderungen umgehen. Natürlich haben auch erfolgreiche Menschen Ängste, mit dem einen entscheidenden Unterschied: Sie lassen sich dadurch nicht blockieren. Erfolgreiche Menschen wandeln ihre Angst in Energie zur Lösung von Problemen sowie Kreativität um. Sicherlich machen auch erfolgreiche Menschen Fehler, vielleicht sogar mehr als andere. Aber sie versuchen, aus ihren Fehlern zu lernen, sich nicht unterkriegen zu lassen und entwickeln aus einer Niederlage häufig sogar noch mehr Kraft für ihre Ziele. Eine wirksame Affirmation zu diesem Thema lautet:

Ich habe das Vertrauen und den Mut, ein erfolgreiches Leben zu führen.

Aus Fehlern lernen

Wenn Sie Verantwortung übernehmen, entwickeln Sie damit auch Stärke. Es ist ganz und gar menschlich, Fehler zu machen. Doch es ist wichtig, welche Bedeutung man ihnen gibt und wie man mit ihnen umgeht. Bezeichnen Sie doch einfach Fehler nicht länger als Fehler, sondern als wichtigen Teil Ihres Wachstumsprozesses. Lernen Sie aus ihnen, versuchen Sie aber, ihnen keine allzu große Aufmerksamkeit zu schenken – Sie leben sonst mehr in der Vergangenheit als in der Gegenwart. Die Vergangenheit ist vorbei, Sie können ohnehin nichts mehr rückgängig machen, was bereits geschehen ist.

Viel wichtiger ist es, dass Sie bewusst in der Gegenwart leben, denn diese bestimmt Ihre Zukunft. Wenn Sie die Tendenz haben, in Ihren Fehlern „herumzustochern" und ausgiebig darüber nachzugrübeln, kommen Sie sicherlich in Ihrem Leben nicht sehr schnell voran. Viel wichtiger ist es, dass Sie sich Fehler eingestehen und sie in Zukunft vermeiden. Auch hierbei kann eine Affirmation hilfreich sein:

Ich lebe ganz bewusst und genieße jeden Tag.

Vertrauen entwickeln

Um sich spirituell zu entwickeln, muss man lernen, immer mehr einfach man selbst zu sein. Das Wort Angst hat, wie anfangs erwähnt, mit Enge und einem Mangel an Vertrauen zu tun. Es ist wichtig, dass Sie sich selbst so akzeptieren wie Sie sind. Versuchen Sie, Ihre positiven Seiten stärker zu betonen, bleiben Sie nicht am Negativen „kleben".

Eine Möglichkeit, sich von Angst und Enge zu lösen und somit Heilung zu erfahren, liegt darin, Vertrauen in das Leben zu entwickeln – das Vertrauen, dass ein Sinn dahinter steckt, dass wir hier auf der Erde sind, auch wenn er sich uns bisher noch nicht offenbart hat; das Vertrauen, dass es eine höhere Kraft gibt, die uns lenkt und beschützt und die dafür sorgt, dass unser Leben in die richtige Richtung führt.

Sollten Sie an Sinnlosigkeit oder Einsamkeit leiden, so kann ich Ihnen das Gebet sehr ans Herzen legen (siehe Seite 76). Versuchen Sie, jeden Tag fünf Minuten aufzuwenden um in die Stille zu gehen, dies kann am Morgen oder am Abend sein. Sagen Sie zum Beispiel: „Lieber Gott, wenn es dich gibt, dann möchte ich zu dir kommen“. Probieren Sie dies eine Woche lang aus und Sie werden sehen, dass Sie Hilfe von innen oder Anstöße von außen bekommen werden. Vielleicht hilft Ihnen auch die folgende Affirmation:

Ich löse mich jetzt von meinen Ängsten und öffne mein Herz für spirituelles Wachstum.

Eine wirkungsvolle Übung, um Ängste aufzulösen, ist die folgende. Nehmen Sie sich dafür ausreichend Zeit. Was Sie jetzt an Zeit für sich selbst einsetzen, gewinnen Sie zehnfach durch mehr Lebensfreude und Wachheit im Alltag zurück.

Machen Sie es sich gemütlich, entspannen Sie sich und schließen Sie die Augen. Stellen Sie sich genau jene Situation vor, die Sie im Moment in Ihrem Leben am meisten belastet und Ihnen Angst macht. Hüllen Sie diese Situation vor Ihrem geistigen Auge in eine Wolke aus Licht und Liebe ein und verabschieden Sie sich von ihr! Öffnen Sie nun wieder die Augen und spüren Sie in sich hinein: Was hat sich jetzt in Ihnen verändert? Was fühlen Sie?

Figur- und Gewichtsprobleme

Welche Frau macht sich keine Gedanken um ihre Figur oder um ihr Gewicht oder sogar um beides? Die meisten von uns fragen sich mehr oder weniger häufig, ob ihr Bauch auch flach genug ist, ob am Gesäß und an den Oberschenkeln zu viele Fettpölsterchen schlummern und nicht zu vergessen: ob der Busen zu groß oder zu klein ist.

Wunderdiäten und immer wieder neue Frühjahrskuren frisch aus Amerika gibt es zuhauf. Manche Bücher raten einem, sich schlank zu denken. Sport- und Gymnastikprogramme, ein ausgewogener Einkaufszettel, Hypnose oder Fettkiller-Tabletten – was versuchen wir nicht alles, um einem merkwürdigen Ideal nachzujagen. Wahrscheinlich liegt die einzig realistische Chance auf eine Hollywoodfigur in eisernem Dauer-Fasten und regelmäßiger Bewegung samt bewusster vegetarischer Ernährung. Julia Roberts soll einmal gesagt haben, dass sie mit einem ständigen Hungerfühl herumlaufe, seit sie Filmschauspielerin ist.

Ich kann (und will) Ihnen keine neue Methode präsentieren, wie Sie mit Zauberkraft fünf bis zehn Kilo abnehmen, beginnende Zellulitis eliminieren und einen um fünf oder zehn Jahre jüngeren, strafferen Körper bekommen können. Betrachten wir das Thema Figur und Gewicht einmal aus einem anderen Blickwinkel.

Wann fühlen Sie sich rundum am wohlsten? Mit welcher Ernährung? Mit wie viel Bewegung? Mit welchem Lebensrhythmus? Aus der Konstitutionslehre weiß man, dass es verschiedene Typen gibt; einer davon ist beispielsweise der „Ernährungstypus“. Dazu gehören Menschen, die einen stärkeren Körperbau haben, gern essen und dabei insgesamt mehr in sich ruhen als jene Menschen, die zu Nervosität neigen, sich viel und bisweilen hektisch bewegen und voller Unruhe stecken. Beides ist übrigens völlig in Ordnung, solange sich diese Menschen dabei wohl fühlen.

Was für ein Mensch sind Sie? Macht es Ihnen Freude, sich regelmäßig auf die Waage zu stellen, ausgefeilte Gymanstik- oder Joggingpläne einzuhalten, auf Süßes und Fett weitgehend zu verzichten? Wunderbar! Wenn Sie damit aber auch nicht das erreichen, was in Ihren Augen eine Idealfigur ausmacht, sollten Sie vielleicht Ihr Ideal einmal überprüfen.

Was ist, wenn Sie ab und zu gern essen, zuweilen auch Pasta mit Sahnesauce oder Eis mit Schlagsahne, wenn Sie lieber spazieren gehen anstatt zu laufen, lieber radeln als schwimmen und dabei eben im Laufe der Jahre etwas mehr zugenommen haben, als Ihnen lieb ist? Dann sollten Sie sich neue, aber kleine und damit realistische Ziele stecken – zum Beispiel einmal pro Woche Sport zu treiben, einen Obsttag pro Woche einzulegen, etwas mehr Gemüse zu essen und nach einem Monat ein bis zwei Kilo abgenommen zu haben.

Mein Credo lautet: Jeder Mensch ist anders und jede Frau ist einzigartig. Deshalb gibt es kein Patentrezept, das für uns alle gilt, sondern wir müssen einen ganz persönlichen Weg finden, unsere Wünsche und ruhig auch Gelüste mit Einsichten über die natürliche Gesundheit sinnvoll zu vereinbaren – ohne Fanatismus, ohne überhöhte Erwartungen an uns selbst, ohne Druck.

Innere Richtschnur sollte bei alledem bleiben: Hören wir auf unsere innere Stimme und lassen uns nicht verrückt machen! Nehmen wir uns so an, wie wir sind.

Die Verantwortung dafür, wie sich unser Leben gestaltet, liegt in unseren eigenen Händen – auch dann, wenn die Umstände schwierig sind. Dann müssen wir eben lernen, auch mit Herausforderungen und Problemen umzugehen. Das funktioniert am besten, wenn man mit positiven Kräften arbeitet, Neues aufbaut und fördert, anstatt gegen das Alte oder Negative anzukämpfen. Sich neue Ziele zu setzen hilft besonders gut, um innere Blockaden aufzulösen.

Ziele, Orientierung, Erfüllung

Um positive Kräfte zu fördern, ist es wichtig, sich realistische, sinnvolle, fröhliche und erfüllende Ziele zu stecken – so wie es eine Schweizerin tat, die selbst keine Kinder hatte und ein relativ schwieriges Schicksal zu meistern hatte. Sie spürte, dass sie ihrem Leben eine neue Richtung geben sollte und begann, sich für Kinder in Indien einzusetzen. Immer wieder – wenn Urlaub und gespartes Geld es zuließen – fuhr sie dorthin, an unterschiedliche Orte, suchte bedürftige Kinder auf, brachte ihnen kleinere oder größere Hilfsmittel und materielle Unterstützung, vor allem aber ihr Interesse und ihre liebevolle Anteilnahme ... Sie half auf eine sehr direkte Art – ohne offizielle Organisation oder andere Vermittler.

Vielleicht kann Ihnen dieses Beispiel einer tatkräftigen Frau als Inspiration dienen. Schauen Sie sich um: Welchem Menschen, welcher Gruppe, welchem humanitären Ziel möchten Sie etwas Zeit, Energie und Einsatz opfern? Wem könnten Sie helfen? Es ist immens, welche Kraft für die Verwirklichung echten Selbstbewusstseins uns zufließt, wenn wir beginnen, regelmäßig für andere Menschen da zu sein und ihnen zu helfen. Wir können mit einer solchen Einstellung – mehr an andere, als an uns selbst zu denken – sogar aus Schmerz und Leid neue Lebenskraft gewinnen. Laufen wir vor Problemen nicht davon, sondern lösen wir sie! Das fällt oft leichter, wenn es um andere Menschen geht, also beginnen wir ruhig dort. Barmherzigkeit, Dankbarkeit, Nächstenliebe, Selbstlosigkeit und Vergebung wirken Wunder auf unserem Weg des Wachstums.

Barmherzigkeit

Barmherzig zu sein heißt, für andere da zu sein. Eine äußerst wichtige Qualität, die wir im Leben entwickeln sollten, ist es, anderen zu helfen. Barmherzigkeit bedeutet, mit anderen zu teilen, was man hat und am Leiden anderer teilzunehmen. Es bedeutet, allen zu helfen, die uns brauchen, selbstlos zu dienen, ohne an die eigene Bequemlichkeit zu denken. Barmherzigkeit drückt sich in Liebe aus. Wer keine Liebe hat, der kennt auch keine Barmherzigkeit. Und umgekehrt: Wo Liebe ist, dort findet man Barmherzigkeit.

Nehmen Sie sich ab heute vor: Ich bemühe mich, mindestens einmal am Tag eine gute Tat zu tun.

Dankbarkeit

Auch die Dankbarkeit ist eine Kraft der Liebe. Dazu gehört zum Beispiel, auch jenen Menschen dankbar zu sein, bei denen es uns schwer fällt. Vielleicht hatten wir Streit mit jemandem. Obwohl die Stimmung mies ist, hilft er oder sie uns durch eine kleine Geste, einen unerwarteten Gefallen. Wir sollten einfach „Danke“ dafür sagen und unser Herz wieder ein wenig weicher werden lassen. Achten wir mehr auf die kleine Hilfe als auf die große Unstimmigkeit.

Oder: Es gibt ein Problem am Arbeitsplatz. Wir ärgern uns. Trotzdem können wir dankbar dafür bleiben, dass wir einen Arbeitsplatz haben. Oder: In der Familie gibt es Krach. Wir fühlen uns ungerecht behandelt oder unverstanden. Gegenüber den Eltern passiert das besonders häufig. Doch wir können nichtsdestotrotz dankbar dafür sein, was sie alles für uns getan haben, um uns dabei zu unterstützen, erwachsen zu werden und auf eigenen Füßen zu stehen. Sie haben Entbehrungen auf sich genommen, sich um uns gekümmert, als wir völlig hilflos waren. Ohne sie wären wir nicht am Leben. Seien und bleiben wir also dankbar. Damit helfen wir am allermeisten uns selbst.

Dankbarkeit ist ein Zeichen des Respekts und der Liebe für unsere Mitmenschen. Dankbarkeit ist eine Lebensweise. Wir sollten dankbar dafür sein, dass uns eine menschliche Geburt zuteil wurde, dass wir gesund sind, ein Dach über dem Kopf, genug Nahrung zum Essen sowie einen Arbeitsplatz haben ... und es gibt noch unzählige weitere Gründe, ein dankbares und damit demütiges Leben zu führen. Erinnern Sie sich zur Unterstützung Ihrer inneren Haltung der Dankbarkeit immer wieder an die folgende Affirmation; sie wird Sie auch äußerlich immer schöner werden lassen:

Ich entwickle innere Schönheit, indem ich dankbar bin.

Nächstenliebe

Nächstenliebe bedeutet, zumindest mit einem Teil unserer Aufmerksamkeit bei unseren Mitmenschen zu sein. In unserer technisierten Welt haben wir jedoch im Laufe der Zeit die Mitmenschen weitgehend vergessen. Unsere Abhängigkeit von modernen Erleichterungen hat es mit sich gebracht, dass viele ein ganz individuelles und damit oft sehr zurückgezogenes Leben führt. Wir sind zufrieden, wenn wir uns unabhängig und von anderen ungestört fühlen. Wer kennt in einem größeren Mietshaus in der Stadt schon seine Nachbarn? Fortschritt und Unabhängigkeit sind grundsätzlich eine gute Sache und wir müssen uns um den größtmöglichen Fortschritt in Technologie und Wissenschaft bemühen. Trotzdem dürfen wir uns dabei nicht vor unseren Mitmenschen verschließen!

Wenn wir das tun, verfehlen wir den Zweck, für den wir erschaffen wurden: Liebe und Mitgefühl zu haben, das Wohl und Wehe der ganzen Menschheit sowie der gesamten Schöpfung zu teilen. Doch leider hat unsere „Unabhängigkeit" ein solches Ausmaß erreicht, dass wir häufig nicht mehr viel von unseren Mitmenschen wissen oder uns um sie kümmern. Und so haben wir die Tugenden des Gemeinschaftslebens, des Zusammengehörigkeitsgefühls, der Liebe und des Mitleids für alle ein wenig aus den Augen verloren. Doch wenn wir nicht mit anderen in Kontakt kommen, wie können wir sie dann lieben?

Anstatt uns mit unserem „Solospiel" zufrieden zu geben, sollten wir ein Teil des Orchesters werden und in Harmonie mit allen anderen spielen. Die Musiker eines Orchesters müssen sich ständig bewusst sein, dass sie Mitglieder einer größeren Einheit sind, während sie auch die Rollen ihrer

Mitspieler im Auge behalten. Und genau so sollten wir unsere Rolle im Orchester des Lebens spielen, damit eine Symphonie der Liebe und des Friedens erklingt, die im ganzen Universum widerhallt.

Nehmen Sie sich daher vor, einige Tage lang immer wieder bewusst an den Satz zu denken:

Ich öffne mein Herz für meine Mitmenschen.

Selbstlosigkeit

Wahrer selbstloser Dienst am Nächsten wird ohne jegliche Erwartung auf einen Ausgleich oder eine Belohnung geleistet. Es gibt zu diesem Thema eine wunderschöne Geschichte aus Persien. Sie erzählt von einem Mann, der zu Gott betete, er möge ihm seinen größten Ergebenen zeigen. Gott erschien und forderte den Betenden auf, das Haus eines bestimmten Mannes in einem nahe gelegenen Dorf aufzusuchen. So ging der Mann zu diesem Ort, wohin Gott ihn sandte. Dort angekommen, fand er heraus, dass der ergebene Mann noch keine Pilgerreise nach Mekka unternommen hatte. „Was für ein Ergebener ist das?", wunderte er sich. Als er nach dem Grund fragte, warum der andere die heilige Stadt noch nicht besucht habe, erklärte ihm der Ergebene, dass er eines Tages zwar genug Geld für diese Reise gespart habe, es kam jedoch ein Nachbar zu ihm, der um Geld für seine hungernde Familie bat. So gab er ihm das ersparte Geld und war damit nicht mehr in der Lage, die Reise anzutreten.

Der Besucher erklärte daraufhin: „Deine Pilgerfahrt wurde angenommen. Gott erzählte mir, dass du sein größter Ergebener seist. Indem du deinen Mitmenschen dienst, bist du ein wahrer Ergebener und Diener Gottes."

Wahrer, selbstloser Dienst am Nächsten umfasst mehr, als nur unserer Familie oder engen Freunden zu helfen; er schließt die gesamte Menschheit mit ein. Eines der spirituellen Ziele ist es, die Liebe für alle und den Dienst an allen zu entwickeln. In den Schriften der Sufis heißt es, dass Gott die Menschen erschuf, damit sie lieben und anderen dienen. Wollte er nur Hingabe allein, hätte er bereits die Engel gehabt. Aber der Mensch ist das einzige Wesen der Schöpfung, das die göttlichen Eigenschaften der

Liebe und des Dienstes am Nächsten verwirklichen kann. Und um vollständige Menschen zu werden, müssen wir diese Qualitäten in unserem Leben entwickeln.

Ein Vorteil des selbstlosen Dienens ist, dass man die eigenen Schmerzen und das eigene Leid vergisst. Man verschiebt die Aufmerksamkeit von sich selbst auf die Mitmenschen. Unser eigenes Leid und unsere Schmerzen werden dadurch im Vergleich geringer und wir erkennen, dass andere Menschen viel größeres Leid erfahren. Wenn wir jemandem helfen, weitet sich unser Herz. Allein diese Handlung öffnet unsere Seele und wenn Liebe von uns auf andere ausströmt, kann die Liebe Gottes in uns einfließen. Wo bleibt da noch Platz für Leid und Kummer?

Wer wirklich selbstlos gibt, erwartet keine Gegenleistung. Das dem selbstlosen Dienst zugrunde liegende Paradoxon besteht darin, dass wir einerseits nichts erwarten, aber dennoch die höchste Belohnung erhalten – innere Erfüllung.

Selbstloser Dienst am Nächsten

- Notieren Sie Gelegenheiten, die sich Ihnen bieten, bei denen Sie anderen physisch, intellektuell, finanziell oder spirituell selbstlos dienen können.
- Sie können dann damit beginnen, täglich etwas Zeit für selbstloses Dienen frei zu halten. Suchen Sie nach Möglichkeiten, diese Zeit auszudehnen.
- Beobachten Sie die Auswirkungen, welche die Entwicklung dieser menschlichen Qualität auf Ihr Leben hat.

Vergebung

Eine weitere wichtige Hilfe zur Lösung von Blockaden und zur Stärkung des Selbstvertrauens ist die Vergebung. Wir können all jenen vergeben, die uns in der Vergangenheit verletzt haben. Ich weiß, wie schwer das fällt. Wir fragen uns, ob wir wirklich allen vergeben sollen? Auch Moni, die damals so gemein zu mir war? Auch Thomas, der mich mehrmals völlig ungerecht behandelt hat? Auch Tobias, der immer so abweisend ist? Und auch Sabine, die hinter meinem Rücken schlecht über mich redet?

Wenn wir tatsächlich allen vergeben, werfen wir sehr, sehr schweren Ballast ab. Wenn wir allen vergeben, wird unser Herz frei, unsere Seele erhebt sich, unser Gemüt wird fröhlich, unser Verstand kann effektiv arbeiten – wir fühlen uns schlicht rundum wohl.

Die Bürde übergeben

Versuchen Sie einmal, alles, was Sie glauben, (noch) nicht vergeben zu können, einer höheren Kraft – Gott, Christus, Maria, Allah, Buddha, der Großen Mutter … – zu übergeben mit den Worten: „Ich kann das zwar (noch) nicht vergeben, es belastet mich aber. Deshalb möchte ich dir diese Bürde vertrauensvoll übergeben, damit du sie für mich trägst und auflöst." Während Sie das innerlich oder besser sogar halblaut vor sich hin sprechen, lassen Sie innerlich los und stellen Sie sich vor, wie Sie dieses Bündel an ungelösten Gefühlen des Verletztseins und der Wut sinnbildlich übergeben. Sie werden eine völlig neue Leichtigkeit und Freiheit spüren – ohne Minderwertigkeit oder Überheblichkeit, sondern natürlich, klar und aufrecht.

Stellen Sie sich einmal pro Woche, vielleicht jeden Samstagabend, die folgenden Fragen und beantworten sie im Stillen für sich:

- Welche Menschen möchte ich um Vergebung bitten, denen ich in dieser Woche bewusst oder unbewusst Unrecht getan oder die ich gekränkt habe?
- Welchen Menschen möchte ich vergeben, auch dann, wenn sie gar nicht wissen, dass Sie mich verletzt haben?
- Was in dieser Woche kann ich (noch) nicht vergeben und bitte deshalb die Schöpferkraft, mir diese Last abzunehmen und mit ihrer höheren Kraft aufzulösen?"

Sie werden feststellen, dass Ihre Sonntage eine ganz wundervolle, erfrischende und erhebende Qualität erhalten, wenn Sie diese Übung jeden Samstagabend durchführen.

Endlich ich selbst sein!

Wer nach seiner Überzeugung handelt,
und sei sie noch so mangelhaft,
kann nie ganz zugrunde gehen,
wogegen nichts seelentötender wirkt,
als gegen das innere Rechtsgefühl
das äußere Recht in Anspruch zu nehmen.
Annette von Droste-Hülshoff

Zu bestimmten Zeiten in unserem Leben fühlen wir uns durch unterschiedliche Anregungen und Ideen angesprochen und ermuntert. Eine ganze Reihe von positiven Impulsen finden Sie in diesem Kapitel. Mit Sicherheit werden Sie sie nicht alle für gleich wichtig halten; und natürlich müssen Sie nicht jeder der fünfzig Ermunterungen annehmen und zu verwirklichen suchen. Vielmehr sind sie als Angebot gemeint, aus dem Sie individuell auswählen können. Lesen Sie die Anregungen systematisch durch oder blättern Sie einfach nur darin und halten dort an, wo Sie sich von einem Wort oder Gedanken ganz persönlich angesprochen fühlen. Ich hoffe, dass Sie dabei einige Impulse bekommen, die Ihnen entscheidend weiterhelfen!

50 Anregungen und Übungen

Unter den folgenden 50 Anregungen, praktischen Hilfen und täglichen Übungen werden Sie einige Punkte als Wiederholung vom vorigen Kapitel finden. Das ist so beabsichtigt, denn diese Punkte sind besonders wichtig!

Auf die innere Stimme hören

Mit „innerer Stimme“ meine ich Ihr Herz. Hören Sie auf Ihr Herz! Denn dann finden Sie bei jedem Gespräch den richtigen Ton und verhindern damit, andere Menschen zu verletzen. Diese Tugend zu entwickeln, erfordert eine stets wachsende Toleranz gegenüber allen Menschen, unabhängig von deren Fehlern und Unzulänglichkeiten. Diese Eigenschaft zu entwickeln kostet wenig, doch sie zählt sehr viel und dient dem Wohlergehen aller.

Natürlich ist es auch wichtig, unseren Verstand einzusetzen, wenn es darum geht, Entscheidungen zu treffen. Ich glaube, dass wir nichts „falsch“ machen können, solange wir aus unserer Intuition heraus handeln. Denn wir haben alle Lösungen bereits in uns.

Haben Sie den Mut, auf Ihre innere Stimme zu hören und zweifeln Sie nicht an sich selbst! Wenn Sie intuitiv handeln und aus Ihrer Mitte heraus leben, sind Sie mehr mit sich selbst, Ihrer eigenen Kraft und Persönlichkeit im Einklang. Ihre Intuition wird Sie dann in Lebenssituationen führen, die ungewöhnlich, spannend und interessant sind und die Sie vor allem auf Ihrem Weg des inneren Wachstums weiterbringen. Langeweile wird es dann nicht mehr geben. Auch Ihre Kreativität wird durch den Kontakt mit Ihrer inneren Quelle der Kraft angeregt – Sie leben ein erfülltes Leben in Harmonie mit sich selbst.

Eine Anregung: Öffnen Sie Ihr Herz für sich selbst und Ihre Umwelt und haben Sie den Mut, Dinge zu tun, die Sie vielleicht noch nie getan haben, aber schon lange tun wollten!

Aufschub ist der Dieb der Zeit

Wie oft schieben wir Dinge auf, um dann irgendwann festzustellen, dass sich ein ganzer Berg an Unerledigtem angehäuft hat, der anfängt, uns zu belasten.

Nehmen Sie sich daher vor, jeden Tag eine Sache zu erledigen bzw. abzuschließen. Dies können kleine Dinge sein wie einen Brief zur Post zu bringen, einen wichtigen Telefonanruf zu tätigen oder eine überfällige Rechnung zu bezahlen. Täglich eine Sache oder Angelegenheit zu Ende zu bringen, vermittelt ein Gefühl der Befriedigung. Sie haben etwas getan und auch abgeschlossen. Somit ernten Sie täglich ein Erfolgserlebnis – und damit ein Stück Zufriedenheit.

Wann immer Sie es schaffen, eine Sache sofort zu erledigen, sobald sie anfällt, werden Sie feststellen, dass Sie mehr Erfolg im Leben haben. Schieben Sie hingegen die Dinge auf, werden Sie wahrscheinlich permanent von einem schlechten Gewissen geplagt – und Ihr Erfolg wird gehemmt. Ihre „To-do"-Liste wird immer länger, Sie verlieren langsam den Überblick und fühlen sich früher oder später vom Berg der unerledigten Arbeiten erschlagen. Auf diese Weise fällt es auch immer schwerer, sich aufzuraffen und die Dinge endlich in Angriff zu nehmen.

- Machen Sie sich eine Liste, was Sie alles zu erledigen haben. Haken Sie täglich einen Punkt von Ihrer Liste ab, nachdem Sie ihn erfüllt haben.
- Wählen Sie dabei möglichst immer eine Aufgabe aus, zu der Sie gerade Lust haben. Das Leben soll ja schließlich auch Spaß machen!

Ausbildung und eigenes Einkommen

Die Zeiten haben sich in diesem Jahrhundert für uns Frauen grundlegend geändert und die Veränderungen schreiten weiter voran. Viele von uns sind gleichzeitig als Mutter und im Beruf „eingespannt". Frauen sind selbstständiger, selbstbewusster, unabhängiger geworden. Dazu gehört das eigene Einkommen, das Bewusstsein, dass die eigene Arbeit anerkannt wird und einen wichtigen Teil zum Lebensunterhalt beiträgt oder ihn sogar ganz allein bestreitet. Wer Single ist, wird im Normalfall ohnehin ein eigenes Einkommen haben. Wie steht es aber mit Frauen, die in Ehe oder fester Partnerschaft sind, vielleicht Kinder haben und „nur" als Hausfrau und Mutter arbeiten?

Wenn sich beide Partner darüber im Klaren sind, dass Haus- und „Mutterarbeit" ihren eigenen Wert hat – auch einen finanziellen, der sogar in einem bestimmten Betrag benannt werden könnte – dann dürfte es keine großen Probleme geben. Was aber, wenn das nicht so ist?

Dann ist es entscheidend, eine gute Ausbildung und zumindest einige Jahre lang ein eigenes Einkommen (gehabt) zu haben. Beides sind gute Fundamente für ein gesichertes Selbstwertgefühl.

Aussortieren

Täglich häufen wir Materielles an. Wir verbringen so viel Zeit damit, Geld zu verdienen, um uns gute Nahrung, elegante Kleidung, den neuesten technischen Schnickschnack, Bücher oder CDs zu kaufen. Wie sehr plagen wir uns dafür! Haben wir diese Dinge erworben, so sammeln wir sie stolz, bis sie sich um uns auftürmen – oft so hoch, dass sie uns beinahe überwältigen. Wir häufen all diese Dinge in dem trügerischen Glauben an, dass sie unser Leben verbessern, unsere Persönlichkeit aufwerten oder uns beständig Freude bereiten.

Schaffen Sie Platz für sich zum Atmen! Erkennen Sie, dass alle Anschaffungen nur flüchtiger Natur sind, dass sie uns nur vorübergehend interessieren und keinen wirklichen Wert haben. Entrümpeln Sie diesen Ballast, sortieren Sie Überflüssiges aus und schaffen Sie Raum für Neues. Nur wenn Sie sich vom Alten lösen, schenken Sie sich die Möglichkeit, für neue Herausforderungen in Ihrem Leben – die vielleicht auf einer anderen, nicht-materiellen Ebene liegen.

Bequeme Kleidung

Sie werden sich vielleicht fragen, was bequeme Kleidung mit dem Selbstwertgefühl zu tun hat. Sehr viel. Es macht einen großen Unterschied, ob Sie sich in der Kleidung, die Sie tragen, wohl fühlen oder eher eingezwängt und unbequem.

Ein extremes Beispiel: Wenn Sie Schuhe mit hohen Absätzen tragen, die womöglich auch noch eng sind und in denen Sie überdies Schwierigkeiten haben zu gehen, dann wirken Sie auf andere wahrscheinlich eingeschränkt und nicht sehr natürlich. Ähnlich verhält es sich mit engen, kurzen Röcken, Blusen und Jacken.

Achten Sie daher beim Kauf vermehrt darauf, wie Sie sich in den neuen Kleidern oder Schuhen *fühlen* – und vielleicht erst an zweiter Stelle darauf, wie sie aussehen. Zumindest sollten beide Aspekte den gleichen Stellenwert haben. Denn wenn Sie Kleider tragen, in denen Sie sich wohl fühlen, strahlen Sie dieses Wohlgefühl auch auf andere aus. Sie bewegen sich natürlicher und gelassener und müssen beispielsweise nicht ständig darauf achten, dass irgendetwas verrutscht. Es muss nicht immer der letzte Schrei sein! Wichtig ist, dass Sie sich in Ihren Kleidern gefallen. Diese Sicherheit überträgt sich automatisch auf Ihr Auftreten.

Bescheidenheit üben

Bescheidenheit bedeutet nicht Askese. Ein Lehrer, den ich kannte, wurde wiederholt für seine Bescheidenheit gelobt, woraufhin er nur kurz und trocken sagte: „Es gibt auch einen Stolz der Demut." Es geht also nicht um falsche Bescheidenheit, sondern darum, sich in Gegebenheiten einzuordnen, wie sie nun mal nicht zu ändern sind und darum, sich nicht von Geld, Macht oder Luxus abhängig zu machen. Ein bekannter Meditationslehrer wurde einmal gefragt, warum er denn ein so ansehnliches hübsches Haus mit seiner Familie bewohne und nicht ein kleineres, unscheinbares. Er antwortete, dass man auch die schönen Seiten des Lebens durchaus genießen solle – solange die Freude daran nicht zulasten anderer Menschen geht und man nicht davon abhängig wird.

Bescheidenheit ist eine Lebenshaltung sowie Grundausdruck eines ethischen Lebens – und bringt uns damit unserem eigentlichen inneren Wesen näher.

Wir Menschen haben eine große Schwäche: Häufig möchten wir nur unser „Schaufenster" sauber halten und kümmern uns nicht ausreichend um unser Innenleben. Wir richten unser Gesicht, unsere Fassade her, um anderen hübschen Fassaden zu begegnen. So treten wir unseren Freunden, Verwandten und Arbeitskollegen nicht natürlich gegenüber. Doch lernen wir, dies zu tun, dann werden wir von selbst bescheiden – und Bescheidenheit in allen Bereichen unseres Lebens ist eine wichtige Voraussetzung, wenn wir uns weiterentwickeln wollen.

Kann man Bescheidenheit üben? Ja. Betrachten wir Menschen, die Bescheidenheit im Leben umgesetzt haben bzw. immer noch umsetzen: beispielsweise Mutter Teresa, Albert Schweitzer oder Hildegard Hamm-Brücher. Welche Vorbilder fallen Ihnen ein, die bescheiden und gleichzeitig lebensfroh, die demütig und dabei aktiv sind? Orientieren Sie sich an diesen Menschen und erforschen Sie, wie sie diese Eigenschaften im täglichen Leben in die Tat umsetzen.

Bewusste Ernährung

Es gibt eine sehr einfache Anleitung zur bestmöglichen Ernährung, die aus der ältesten Gesundheitslehre stammt, dem indischen Ayurveda. Sie lautet folgendermaßen:
„Iss überwiegend, was heilend und klärend wirkt,
nimm im rechten Maße zu dir, was stärkend und belebend wirkt,
vermeide möglichst ganz, was belastend und abstumpfend wirkt."

Wir können nun anfangen zu überlegen: Ist eine Tasse Kaffee belebend, fünf Tassen aber belastend? Ist etwas Fett stärkend, zu viel abstumpfend? Sind Fleisch und Fisch, Geflügel und Eier gesund und klärend oder eher belastend und abstumpfend?

Nach den Langzeituntersuchungen am Heidelberger Zentrum für Krebsforschung leben Menschen, die sich vegetarisch ernähren und dabei auch Milchprodukte zu sich nehmen, länger und gesünder als Menschen, die viel Fleisch zu sich nehmen. Zu diesem Thema gibt es ein kleines Buch „Warum ich Vegetarier bin – Prominente berichten" (Rowohlt Taschenbuch), in dem wichtigen Aspekte fundiert behandelt werden.

Im Ayurveda begründet man den Wert der vegetarischen Ernährung so: Der Mensch besteht überwiegend aus Wasser; und die Lebensenergien fließen am besten, wenn das Wasser im Körper fließt. Dazu eignet sich Nahrung, die ebenfalls einen hohen Wasseranteil hat, am besten und das sind Pflanzen. Außerdem heißt es in dieser Gesundheitslehre, dass sich das Töten von Lebewesen umso belastender auf Seele, Geist und Körper eines direkt oder indirekt daran beteiligten Menschen auswirkt, je höher die Entwicklungsstufe des getöteten Lebewesens ist. Menschen stehen in dieser Hinsicht über Tieren, Säugetiere über Vögeln, Vögel über Reptilien und Insekten und diese wiederum über den Pflanzen.

Ich empfehle Ihnen, die Probe aufs Exempel zu machen: Leben Sie einen Monat lang rein vegetarisch und prüfen Sie dann, ob Sie sich wohler fühlen, jünger, schöner, gesünder, rundum besser – oder nicht.

Dankbarkeit

In unserem Leben sind 99 Wünsche erfüllt. Fehlt der 100., dann sind wir unglücklich. Leider blicken wir immer auf das, was wir nicht haben – und werden so unzufrieden und neidisch. Daher sollten wir lernen, für das dankbar zu sein, was wir haben: dafür, dass wir gesund sind, dass wir eine Arbeit, Freunde und ein schönes Zuhause haben. Seien wir dankbar für jeden Moment, jeden Augenblick!

Denn wenn wir Dankbarkeit entwickeln, beginnen wir, unsere Probleme aus einem anderen Blickwinkel zu sehen. Probleme sind dazu da, dass wir sie meistern und daran wachsen. Sie stellen in Wirklichkeit Herausforderungen dar und geben uns die Chance, uns zu entwickeln und zu reifen. So betrachtet, können Sie sogar dankbar für die vermeintlichen Probleme sein.

Das Dilemma mit der Figur

Fühlen Sie sich so, wie Sie im Moment aussehen, wohl? Wenn ja, dann ist dieser Punkt für Sie nicht von Bedeutung. Wenn nicht, dann ist es Zeit, eine Veränderung vorzunehmen. Sie können genau das Aussehen erreichen, das Sie wollen – oder sich zumindest in die gewünschte Richtung bewegen. Dazu müssen Sie „nur" den so genannten „inneren Schweinehund" überwinden.

Besonders das Körpergewicht stellt ja ein lebenslanges Thema für uns Frauen dar. Versuchen Sie doch einmal, auf sanfte Weise und Schritt für Schritt Ihre Essgewohnheiten zu verändern: Essen Sie nach 18 Uhr nichts mehr und schränken Sie Ihren Bedarf an Süßigkeiten ein. Bereits diese beiden Maßnahmen sollten sichtbare positive Folgen haben. (Näheres über bewusste Ernährung finden Sie unter der gleichlautenden Überschrift in diesem Kapitel.)

Verschaffen Sie sich außerdem regelmäßig Bewegung, sei es in Form eines Spaziergangs, einer Radtour oder indem Sie schwimmen gehen. Wichtig dabei ist, dass Sie dabei Regelmäßigkeit entwickeln, denn sonst fällt es Ihnen immer wieder schwer, etwas für Ihren Körper zu tun; außerdem bringt es natürlich nichts für Ihre Figur, wenn Sie sich nur hin und sportlich betätigen.

Das Wichtigste ist, dass Sie sich selbst so gefallen, wie Sie aussehen und sich dabei wohl fühlen. Falls nicht, setzen Sie sich so schnell wie möglich in Bewegung!

Die Kraft des Lächelns

Es gibt einen schönen Ausspruch, der besagt: Ein Lächeln kostet nichts. Doch ein einziges Lächeln kann das Leben eines anderen Menschen erhellen. Vielleicht gibt es der Angelächelte dann seinerseits an andere Menschen weiter, denen er begegnet und muntert sie damit auf. Diese Kettenreaktion setzt sich fort und unser Lächeln oder das eine nette Wort wird sich vervielfachen, sodass viele etwas mehr Freude in ihrem Leben erfahren.

Versuchen Sie auch einmal, sich selbst anzulächeln, zum Beispiel wenn Sie allein zu Hause sind oder unterwegs im Auto, in der Straßenbahn, wenn Sie einen Spaziergang machen oder beim Aerobic. Beobachten Sie, was ein Lächeln in Ihnen verändert!

Wie freuen wir uns, wenn ein Baby uns anlächelt. Vielleicht sollten auch wir wieder zu Kindern werden und einfach lächeln – mit Grund oder ohne. Wer könnte nicht etwas mehr Humor und Unbeschwertheit in seinem Leben brauchen. Es ist oft schwer genug – warum es noch weiter beschweren durch Ernsthaftigkeit und Humorlosigkeit? Es gibt genug Menschen in der Welt, die Probleme schaffen. Sie könnten dem etwas entgegensetzen, indem Sie etwas tun oder einfach nur etwas ausstrahlen, das die sorgenbewölkten Gesichter der anderen glättet. Oft kann ein Lächeln, ein freundlicher Gruß oder ein Gespräch das Herz eines Menschen mit einer Liebe und Fürsorge berühren, wie er es vielleicht noch nie zuvor erfahren hat.

Wenn du nur lächelst, öffnet sich die Knospe meines Herzens.
Darshan Singh

Die Liebe leben

Wir alle möchten lieben und geliebt werden. Auch wenn wir in unserem Leben durch viele Beziehungen gehen, finden wir keine Liebe, die für immer währt. Ewige Liebe können wir nur finden, wenn wir nach innen gehen, denn die Liebe ist in uns. Sie ist immer da und wartet nur darauf gelebt zu werden. Die Liebe ist ein großes Mysterium: Je mehr man davon abgibt, desto mehr bekommt man von ihr zurück.

Die Liebe ist das einzige wirkliche Heilmittel auf dieser Welt. Haben Sie den Mut, die Liebe zu leben. Beginnen Sie noch heute damit. Versuchen Sie, die Liebe, die Sie für Ihre nahen Angehörigen und Freunde haben, auf alle Menschen und auf die gesamte Schöpfung auszudehnen. Sie werden bald feststellen, wie sich auf diese Weise Ihr Herz weitet.

Echte Partnerschaft

Sollten Sie einen Partner gefunden haben, der Sie liebt, können Sie sich glücklich schätzen. Mit Liebe gehen die Eigenschaften Achtung und Fürsorge einher. Es gibt nichts Schöneres, als ein Partner, der Sie schätzt und verwöhnt.

Die Liebe Ihres Partners kann Ihre innere Schönheit ans Licht bringen, was wiederum dazu führt, dass Sie mehr Selbstsicherheit bekommen; Ihr Selbstwertgefühl wird damit enorm unterstützt. Die Liebe ist das größte Heilmittel auf dieser Welt. Echte Partnerschaft erfordert Beständigkeit – da ist kein Raum für ein wankelmütiges Herz. Schwierigkeiten gibt es in jeder Partnerschaft. Wenn wir uns auf unseren Partner einstellen und uns ihm sowie der gegebenen Situation in einem gesunden Maße anpassen, werden wir feststellen, dass Chaos in Harmonie und Glück zur Wonne wird. Denn Glück ist eine andere Bezeichnung für Anpassung.

Mit Geduld kann man (fast) alles erreichen. Vielleicht reagiert unser Lebenspartner zunächst nicht, aber wenn wir ihm genügend Aufmerksamkeit und Anteilnahme entgegenbringen, gepaart mit Toleranz, werden Liebe und Glückseligkeit im Laufe der Zeit beständig wachsen.

Bei Differenzen sollten Sie sich zusammensetzen und erst einmal ruhig und sachlich – und möglichst liebevoll – darüber sprechen und sich natürlich bestenfalls wieder versöhnen. Sollten Sie das Bedürfnis haben, sich über Ihre Partnerschwierigkeiten mit jemand anderem auszutauschen, dann suchen Sie sich diese Person genau aus. Ich habe nämlich festgestellt, dass man häufig um so mehr an Kraft und Energie verliert, je mehr man mit anderen Menschen über Probleme in der Partnerschaft spricht.

Wenn Sie so achtsam und bewusst mit Ihren Partnerschaftsproblemen umgehen, werden Sie feststellen, dass Sie an Selbstvertrauen und Stärke gewinnen. Ein positiver Nebeneffekt: Sie sind auch nicht mehr so abhängig davon, was andere Menschen Ihnen raten.

Ehrliche Komplimente

Kritisieren ist leicht, jemanden aufzumuntern und zu loben schon viel schwieriger. Noch schwieriger ist es, andere Menschen mit aufrichtigen Komplimenten in ihrem Selbstwertgefühl zu stärken und ihnen Mut zu machen. Nach dem uralten Gesetz von Ursache und Wirkung bzw. Aktion und Reaktion kommt aber jede Bemühung, die wir in dieser Richtung unternehmen, als positive Kraft zu uns zurück.

Ein Beispiel: Eine Freundin ist ziemlich niedergeschlagen und sieht deshalb ziemlich mitgenommen aus. Sie fragt: „Wie sehe ich aus?" Man könnte ihr nun „wahrhaftig" aber herzlos antworten: „Du siehst schlecht aus." Wie wird sie sich daraufhin fühlen? Vermutlich noch mutloser. Oder wir lügen und sagen – vermeintlich aufbauend – „Du siehst blendend aus". Jetzt freut sie sich zwar vielleicht erst einmal, aber ihr Unterbewusstsein weiß, dass das nicht stimmt und registriert: „Meine Freundin sagt mir nicht die Wahrheit." Eine dritte und vermutlich die beste Antwort könnte folgendermaßen lauten: „Ich sehe dir an, dass dich etwas belastet, aber ich finde es gut, dass du dich darum bemühst, damit klarzukommen. Kann ich dir dabei irgendwie helfen?"

Das ehrliche Kompliment besteht hier also nicht darin, über das körperlich-kosmetische Aussehen zu sprechen, sondern die Bemühung zu würdigen, dass die Freundin damit beschäftigt ist, eine Herausforderung zu meistern, in der sie gerade mittendrin steckt.

Allgemein sollten wir lernen zu erkennen, was an einer Situation positiv ist und was hilft, ein Problem zu lösen, anstatt es zu verschärfen oder mit Zuckersoße zu übergießen.

Ehrlichkeit

Wenn wir durchs Leben gehen, sind wir nicht immer wahrhaftig, nicht immer aufrichtig. Oft versuchen wir, etwas vor anderen zu verbergen und ein anderes Bild von uns zu vermitteln, als es eigentlich unserem Wesen entspricht. Anstatt aufrichtig und authentisch zu sein, lügen wir – und dann haben wir natürlich Angst, dass die anderen die Wahrheit herausfinden könnten.

Wenn wir ein erstes Mal unehrlich sind, ganz gleich aus welchem Grund, dann müssen wir in der Folge auf der Hut sein und vielleicht eine zweite oder dritte Lüge erfinden, um die erste nicht auffliegen zu lassen. Unser Gemüt ist auf diese Weise bald ziemlich damit beschäftigt, unsere Fehler zu verbergen und zu verhindern, dass andere sie entdecken. Wenn noch Gefühle der Schuld, der Schande oder der Angst hinzukommen, verfangen wir uns noch weiter in diesem Netz.

Doch mit einem solchen Verhalten entfernen wir uns von uns selbst. Entwickeln wir dagegen Wahrhaftigkeit, so werden wir ein leuchtendes Beispiel für unsere Mitmenschen und bringen so unser wahres Selbst zum Ausdruck.

Eigene vier Wände oder ein ganz persönlicher Platz

Um überhaupt wir selbst zu sein, brauchen wir Ruhe, Harmonie und Geborgenheit. Dazu ist, auf der äußeren Ebene betrachtet, ein persönlicher Platz von großer Bedeutung. Dies kann ein eigener Schreibtisch sein, eine private Kuschelecke, ein Zimmer nur für uns selbst oder sogar eine eigene Wohnung. Natürlich hängen die Möglichkeiten immer von den räumlichen Gegebenheiten und den finanziellen Mitteln ab. Wichtig ist jedoch, dass Sie einen Platz haben, an den Sie sich jederzeit zurückziehen und neue Kräfte tanken können – ganz besonders dann, wenn Sie erschöpft und kraftlos sind oder eine vorübergehende Disharmonie in der Partnerschaft besteht.

Richten Sie sich einen solchen Platz ein und gestalten Sie ihn so, dass Sie sich dort richtig wohl fühlen!

Einmaligkeit, Einzigartigkeit

Unsere Einzigartigkeit ist ein ganz wichtiger Punkt, wenn es um unser Selbstbewusstsein geht, vielleicht auf eine Weise, die Sie überraschen wird. Es gibt – Gott sei Dank – noch keine geklonten Menschen mit austauschbaren Gefühlen und Gedanken. Jeder Mensch ist anders, eigen, einmalig und einzigartig – und zwar mit all seinen Schwächen, Entwicklungsaufgaben und Problemen genauso wie mit seinen Stärken.

Die Existenz jedes Baums, jeder Pflanze, jeder Blüte hat ihren Sinn – obwohl sie alle ganz verschieden sind und sich teilweise stark voneinander unterscheiden. Manche werden als Nutzpflanzen, andere als Schmuckpflanzen und einige werden als Unkraut bezeichnet. Doch das kann ihre Besonderheit nicht schmälern, ebenso wenig ihren Lebenssinn. Gerade unter dem so genannten Unkraut sind häufig genug Heilkräuter zu finden.

Selbst wenn wir keine herausragende Stellung innehaben, wenn wir keine große Anerkennung finden, nicht viel Geld verdienen und unser Dasein von anderen nicht richtig geschätzt wird – selbst wenn wir uns also so ein bisschen wie ein Mauerblümchen am Rande der Gesellschaft fühlen – unserer Einmaligkeit und Einzigartigkeit tut das keinen Abbruch.

Selbst wenn wir (noch) keinen Lebenssinn gefunden haben, wenn wir nicht wissen, wie wir unser Leben gestalten sollen, ist doch bereits unser bloßes Hiersein Anlass zur Freude. Erfreuen wir uns einfach daran, dass es uns gibt! Das verleiht Stärke, Leichtigkeit und Selbstvertrauen.

Erst selbst zum Freund werden

Wir möchten gern Freundinnen und Freunde haben, die uns nicht im Stich lassen, auch dann nicht, wenn es uns schlecht geht oder wir etwas falsch gemacht haben. Wir wünschen uns Freunde, die ein offenes Ohr haben, aber auch ehrlich genug sind, uns zu sagen, wenn wir völlig daneben liegen – also einfach echte Freundinnen und Freunde.

Wie wachsen solche Freundschaften? Indem wir uns bemühen, zu wahren und guten Freundinnen zu werden, indem wir all das, was wir uns erhoffen, in der eigenen Lebensweise nach und nach entwickeln.

Zu einem stabilen Selbstwertgefühl gehört auch, dass wir „freundschaftsfähig" sind. Dazu müssen wir an uns arbeiten, um nicht mit unseren Stimmungen oder überzogener Ich-Zentriertheit unsere Mitmenschen zu belasten oder ihre Anliegen mit unseren Sorgen zuzudecken. Natürlich können und sollen wir auch von uns selbst sprechen und uns über unsere Gedanken und Gefühle austauschen. Dem anderen Gehör zu schenken, ist eine Eigenschaft eines guten Freundes. Mit konstruktivem Rat und Tatkraft zu helfen, wenn Hilfe benötigt wird, ist eine zweite. Daran hat vermutlich jeder von uns zu arbeiten.

Wenn man im Leben auch nur einen einzigen guten Freund hat, ist man sehr gesegnet. Leider nehmen wir unsere Freunde, genauso wie unsere Familie, oft als selbstverständlich hin. Wir erwarten, dass sie uns einen Gefallen erweisen oder ersuchen sie um Hilfe. Aber wir müssen auch unsere tiefe Liebe und Wertschätzung unseren Freunden und Verwandten gegenüber ausdrücken. Wer sonst außer ihnen wird uns helfen, wenn wir Sorgen oder Schwierigkeiten haben oder wenn es uns körperlich schlecht geht? Wer sonst wird unsere Anliegen mitfühlend anhören? Wir sollten uns für ihre Freundschaft und Unterstützung erkenntlich zeigen und natürlich auch für sie da sein, wenn sie Hilfe brauchen.

Zu oft bleiben unsere Worte der Anerkennung unausgesprochen, manchmal bis es zu spät ist, weil eine Freundschaft aus Mangel an Zuwendung zerbricht oder einschläft. Wir sollten den Menschen, die uns nahe stehen, immer wieder zeigen, wie sehr wir sie schätzen.

Fehler zuerst bei sich selbst suchen

Es fällt uns immer leichter, die Fehler bei anderen zu sehen als bei uns selbst. Haben Sie sich schon einmal gefragt, ob Sie nicht vielleicht auch zu einem Teil daran beteiligt sind? Wir schieben häufig die ganze Schuld auf die bzw. den anderen. Damit machen wir es uns zu einfach. Aber wer fängt schon gern bei sich selbst an? Wer gesteht sich freiwillig Fehler ein?

Sich zu fragen, was es bei uns selbst zu ändern gibt, ist jedoch auch eine Sache der Übung. Stellen wir uns also die Frage: Was kann ich dazu beitragen, um die aktuelle Situation wieder in Harmonie zu bringen? Dazu gehört auch eine Portion Mut, über den eigenen Schatten zu springen.

Sollten Sie feststellen, dass Sie vielleicht einen Fehler gemacht haben, dann ist der nächste Schritt, dies der oder den beteiligten Personen einzugestehen. Damit beweisen Sie Größe und Selbstbewusstsein. Wichtig dabei ist, dass die Entschuldigung oder das Eingeständnis wirklich aus dem Herzen kommt.

Und denken Sie immer daran: Irren ist menschlich. Wir alle machen Fehler, denn wir sind Gott sei Dank keine Computer.

Freude spüren und leben

Denken Sie an ein Baby und wie es lacht, wenn die Mutter ins Bettchen oder in den Kinderwagen blickt. Das Baby „hat“ nichts, „weiß“ noch nicht viel, „kann“ noch fast gar nichts, aber es strahlt doch aus ganzem Herzen und ganzer Seele. Es ist verbunden mit einer Kraft, die man nicht wiegen und messen, die man nicht fotografieren oder sonstwie festhalten, bezahlen oder verkaufen kann und die doch die größte Kraft des Lebens ist: die Liebe.

Freude entspringt aus der Kraft der Liebe. Liebe wird von einem höheren Bewusstsein – auch Seelenbewusstsein genannt – empfunden und breitet sich von dort aus. Die Seele ist die kosmische Lebenskraft oder der göttliche Funken in jedem Lebewesen. Nur sie kann wahre und dauerhafte Liebe erfahren.

Im Alltag geht immer wieder etwas schief, es gibt Missverständnisse oder verschiedene Wellenlängen, auf denen Menschen „senden“. Auf dieser Ebene gibt es keine absolute, unveränderliche Liebe – und damit auch keine dauerhafte Freude. Und doch können wir die Liebe erleben und einen Widerschein davon in Lebensfreude ausdrücken. So vermitteln wir auch anderen Menschen Liebe und Freude.

Liebe und Lebensfreude, die aus ihr entspringt, erfahren wir zunächst in der Stille unseres eigenen Wesens, im Gebet oder in der Meditation – und dann wieder, wenn wir mit vollen Händen die inneren Geschenke, die wir in dieser Stille erhalten haben, an andere Menschen weitergeben.

Gebet

Die Existenz einer höheren Macht anzuerkennen, die auf unsere Nöte und Sorgen eingehen kann, ist der Ausgangspunkt des Gebets. Man schlägt darin eine Brücke zwischen dem Endlichen und dem Ewigen – was in Wirklichkeit der wahre Sinn des Gebets ist. Gebete sind hilfreich und tröstlich, denn Gott hört uns immer zu.

Wenn Sie bislang noch keine Beziehung zu einer höheren Schöpferkraft entwickelt haben, können Sie ganz einfach darum bitten – bzw. beten: „Gott, wenn es dich gibt, möchte ich deine Gegenwart spüren!" oder „Gott, ich möchte zu dir kommen!" oder „Wenn es eine Schöpferkraft wirklich gibt, möchte ich sie erleben können." So oder so ähnlich könnten die „Anfragen" nach oben lauten.

Der „Erfolg" von Gebeten lässt sich an mehreren Dingen ablesen, die während oder nach dem Gebet auftauchen können:

- Sie fühlen sich hinterher wie von einer Bürde erleichtert und fassen neuen Lebensmut.
- Sie spüren eine Kraft um sich herum, die sie sanft umhüllt.
- Sie stellen fest, dass Sie Personen oder Situationen als weniger hinderlich oder belastend empfinden.
- Sie erkennen, dass eine bestimmte schwierige Angelegenheit ihren Sinn darin hat, dass Sie wachsen und Eigenschaften wie Geduld, Mut oder Beharrlichkeit entwickeln.

Der Grund, warum Gebete notwendig und hilfreich sind, besteht darin, dass wir eine höhere Kraft ins Spiel bringen, wenn wir selbst nicht weiter wissen. Solange solche Bitten direkt und unverfälscht aus dem Herzen kommen, führen sie uns weiter.

Geduld und Ausdauer

Stellen Sie sich vor, Sie hören von einer absolut vertrauenswürdigen Person, dass an einer bestimmten Stelle, die nur Ihnen verraten wird, ein großer Schatz verborgen liegt. Würden Sie nicht so lange dort graben, bis Sie ihn gefunden haben?

Wie ist das nun, wenn Menschen, die mehr Lebenserfahrung haben als wir, die Dinge in Ihrem Leben verwirklicht haben, die wir auch für uns selbst anstreben, uns sagen, dass in uns ein großer Schatz an Weisheit verborgen ist? Sollten wir nicht Geduld und Ausdauer aufbringen, um ihn zu finden? Es ist nur eine Frage der Motivation. Wenn uns etwas sehr wichtig ist, geben wir nicht so schnell auf, wir versuchen es immer wieder. Wenn unser Leben innen und außen sonnenhell strahlen soll, müssen wir unsere Persönlichkeit immer wieder neu polieren, müssen Geduld mit uns selbst haben.

Doch meistens sind wir ungeduldig. Dabei sollten wir uns klar machen: Alles geschieht zur rechten Zeit. Wie die Frucht allmählich reifen muss, so braucht auch Ihr persönliches Wachstum eine Art „Vorbereitungszeit", in der Sie sich von alten Bindungen, Gewohnheiten und Mustern lösen. Wir möchten aber, dass alles im Handumdrehen geschieht. Vergessen wir jedoch nicht: Wie langsam wir uns auch zu entwickeln glauben, wir kommen vorwärts.

Geduld zu haben, heißt, bei der Erfüllung unserer Aufgaben völliges Vertrauen in uns zu selbst zu haben. Alles wird zur rechten Zeit geschehen!

Gesundheit fördern

Wie wir uns fühlen, so geben wir uns auch nach außen. Und wie wir uns nach außen zeigen, wird durch die Reaktionen der Umwelt auf uns zurückgeworfen. Wer bewusst lebt, sich natürlich ernährt, auf Bewegung achtet und der eigenen Gesundheit einen festen Platz in seinem Leben einräumt, der wird sich wohl fühlen, eine harmonische Ausstrahlung haben und so auch konstant im eigenen Selbstwertgefühl durch die Umwelt bestärkt werden.

Zur Gesundheitsvorsorge und -pflege gehören aus der heutigen Sicht für Frauen ein paar grundlegende Dinge. Zuerst einmal müssen wir unsere natürliche Empfindsamkeit für mögliche gesundheitliche Störungen und ihre Ursachen entwickeln und stärken. Außerdem sollten wir darauf achten, vorwiegend natürliche Heilmittel zur Vorbeugung sowie Behandlung von Krankheiten anzuwenden und nicht zuletzt ist es wichtig, ein Gewicht zu halten, das nicht allzu stark über oder unter dem Normalgewicht liegt. Regelmäßige medizinische Untersuchungen beim Frauenarzt sind wohl selbstverständlich.

Auch die folgenden Anregungen dürften Ihnen nicht ganz neu sein, aber ein Extra-Impuls kann nie schaden.

Alle Genussmittel sind Gifte. Das gilt insbesondere für Alkohol, Zigaretten, zu viel Kaffee, zu viel schwarzen Tee, Schokolade oder Zucker und natürlich für halluzinogene Drogen wie Haschisch, Kokain etc. Frauen, die sich diesen Giften regelmäßig aussetzen und sich (noch) ganz wohl und gesund fühlen, sollten sich von der Duldsamkeit des Körpers über lange Zeit hinweg nicht täuschen lassen. Eines Tages müssen wir für alle „Gesundheitssünden" die Rechnung bezahlen.

Die beste Ernährung ist meiner Ansicht nach die, welche für den Körper am gesündesten ist und anderen Lebewesen am wenigsten schadet: die vegetarische Kost, zu der ich Ihnen nur raten kann. Denn Pflanzenkost erhält nicht nur gesund und schlank, sondern macht auch noch schön!

Großzügigkeit

Menschen fühlen sich wohl, wenn Energie fließt. Manche bevorzugen einen schnelleren, andere einen geruhsameren Energiefluss. Aber niemand mag Stillstand oder Stauungen.

Großzügigkeit ist eine Möglichkeit, Energie ins Fließen zu bringen. Großzügigkeit öffnet das Herz – des Gebenden wie des Nehmenden – sie bedeutet eine Erweiterung des Geistes, ein Hinausschreiten des Denkens und Fühlens über die Grenzen der Kleinlichkeiten und peniblen Aufrechnungen, Großzügigkeit erhebt die Seele über den Alltag.

Wenn ich mich klein fühle, beengt und voller Angst, kann sich mein Selbstbewusstsein nicht entfalten. Wenn ich mich jedoch öffne für etwas, das über die Grenzen der üblichen Betrachtungs- und Handlungsweisen hinausgeht – für die Großzügigkeit – dann lade ich die Freiheit in mein Herz ein.

Nehmen Sie sich vor, jeden Tag in mindestens einer Angelegenheit anderen Menschen gegenüber großzügig zu sein oder nicht auf Ihrem Recht zu bestehen. Das sollte in Bezug auf Geld oder Gefühle geschehen und sich in Gesprächen oder Handlungen ausdrücken. Wenn Sie so handeln, werden Sie mit der Zeit auch großzügig (nicht nachlässig!) sich selbst gegenüber – und mit dieser Größe wächst auch Ihr Selbstvertrauen.

Gute Gedanken

Wir kennen die Auswirkungen unserer liebevollen Gedanken auf andere. Kinder sind sehr empfindsam und finden schnell heraus, ob jemand liebevolle Gedanken für sie hegt. Wenn ein Mensch liebevoll an uns denkt, merken auch wir das und reagieren instinktiv ebenfalls mit Liebe.

Gleichermaßen senden unsere negativen Gedanken eine bestimmte Schwingung aus, die von anderen aufgenommen wird. Wir glauben vielleicht, dass unsere Gedanken nur uns etwas angehen, doch andere können diese Gedanken spüren. Daher müssen wir im Hinblick auf das, was wir denken, sehr vorsichtig sein.

Was wir denken, kann nicht nur andere verletzen, sondern letztlich auch uns selbst schaden. Wenn wir schlecht über einen Menschen denken, verschwenden wir kostbare Zeit.

Versuchen Sie, alle negativen Gedanken, Worte und Taten durch liebevolle, freundliche Gedanken zu ersetzen!

Harmonische Umgebung

Achten Sie darauf, wo und mit wem Sie Ihre kostbare Zeit verbringen. Die Umgebung, in der man sich aufhält und die Menschen, mit denen man seine Zeit verbringt, haben einen großen Einfluss auf das, was wir sind und wie wir uns fühlen – man erkennt einen Menschen an seinem Umgang.

Ich möchte Ihnen dazu eine kurze Geschichte erzählen. Eine Freundin von mir trinkt, seitdem sie 18 Jahre alt ist, keinen Alkohol mehr. Bei Ihrer Abiturfeier, wie es so üblich ist, wurde viel Alkohol konsumiert. Als das Fest zu Ende war, stellte meine Freundin fest, dass sie betrunken war, nur aufgrund der Atmosphäre in der sie sich aufgehalten hatte.

Verbringen wir unsere Zeit beispielsweise mit Menschen, die ständig andere kritisieren und schlecht über sie sprechen, so färbt dies auf unsere Stimmung ab. Womöglich übernehmen wir sogar diese Verhaltensweisen. Natürlich können wir selbst, zum Beispiel in einem Gespräch, viel zu einer harmonischen Stimmung beitragen, indem wir positiv denken und gar nicht auf die negativen Äußerungen unseres Gegenübers eingehen. Trotzdem sollten wir auf unseren Umgang achten. Er sollte förderlich und unterstützend sein, nicht hemmend und hinderlich.

Immer wieder etwas Neues lernen

Wie bleiben wir geistig frisch, aufgeschlossen, zielbewusst und damit lebensfroh? All dies sind ja Aspekte eines natürlichen Selbstbewusstseins. Eine Antwort lautet: indem man immer wieder etwas Neues lernt. Das kann jedes Jahr geschehen, aber auch alle zwei oder drei Jahre – wichtig ist, dass man immer wieder neue Anstöße in sein Leben bringt.

Ich habe zum Beispiel eines Tages beschlossen, Drachenfliegen zu lernen und musste dazu mehrere „innere Schweinehunde“ überwinden. Aber es war eine ganz neue Sache, die sowohl geistig als auch psychisch und körperlich völlig neue Herausforderungen an mich stellte. Diese Erfahrung, einige Jahre lang etwas erlernt und ausgeübt zu haben, das aus meinem üblichen Rahmen fiel, möchte ich nicht missen. Sie hat mein Selbstvertrauen enorm gestärkt.

Doch es muss nicht unbedingt eine Extremsportart sein, auch ein Computerkurs bietet sich an, beispielsweise bei der örtlichen Volkshochschule, vielleicht sogar speziell von Frauen für Frauen. Oder Sie entschließen sich, eine neue Fremdsprache zu erlernen, auch dann, wenn Sie sie beruflich nicht unbedingt brauchen. Würde es nicht Spaß machen, Englisch, Französisch, Italienisch oder Spanisch zu lernen, um dann im Urlaub die Hinweisschilder, die Speisekarte und die Schlagzeilen in der Zeitung lesen und verstehen zu können sowie kleine Gespräche mit den Einheimischen zu führen?

Natürlich gibt es zahllose weitere Möglichkeiten, frischen Wind in Ihr Leben zu bringen, indem Sie etwas Neues lernen: ein Musikinstrument spielen, eine neue Sportart wie Segeln oder Tennis ausprobieren, eine künstlerische Ausdrucksform wie Malen, Ton- oder Textilarbeit …

Und es muss auch nicht unbedingt ein neues Hobby sein, das Sie erlernen – ebenso können Sie Ihr Blickfeld erweitern, indem Sie in ein Land reisen, das Sie noch nie besucht haben, indem Sie eine Firma oder Fabrik aus einer Ihnen völlig unbekannten Branche besichtigen oder in einem Verein für ein Anliegen des Gemeinwohls mitarbeiten …

Es gibt sehr viele Möglichkeiten. Nutzen Sie wenigstens einige davon!

Initiative ergreifen

Häufig fällt es uns Frauen schwerer als Männern, die Initiative zu ergreifen. Ob das unbedingt schlecht sein muss, sei einmal dahingestellt. Dennoch leben wir in einer Welt, in der wir von uns aus aktiv sein müssen, um nicht „unter die Räder zu geraten".

Wenn man genauer hinschaut, ist der springende Punkt oft gar nicht ein Mangel an echter Initiative, sondern eher die Abneigung, sich mit Ellenbogen durchzusetzen. Denn auf vielen Gebieten sind Frauen viel aktiver als Männer. In allen sozialen und humanitären Diensten sind es beispielsweise überwiegend Frauen, die Hand anlegen, sich einsetzen, helfen, trösten, sich regelrecht aufopfern. In der Familie ist es meistens die Frau, die sich um die Kinder kümmert und den Haushalt führt. Und auch im geistigen Bereich sind es vorwiegend Frauen, die Bücher kaufen und lesen, die etwas mit persönlicher Entwicklung zu tun haben – Schätzungen der Buchbranche zufolge sind etwa 70 Prozent oder mehr der Käufer und Leser Frauen!

Es geht also nicht darum, Einsatzfreude und Hilfsbereitschaft zu entwickeln – beides ist offenbar mehr als ausreichend vorhanden – sondern darum, dass Frauen sich nicht entmutigen lassen, wenn eine Gesellschaft, die überwiegend noch nach „männlichen" Regeln funktioniert, sie zwar als dienstbare Geister, nicht aber als eigenständige Gestalterinnen anerkennt. Wir sollten daher auch in dieser Hinsicht immer mehr die Initiative ergreifen. Viele Frauen tun das bereits und schaffen sich eigene kreative Räume und Formen, in denen sie allein die Regeln bestimmen. Und immer mehr Frauen sollten sich ihnen anschließen und initiativ werden. Denn das ist ein weiterer wichtiger Schritt hin zu einem gestärkten Selbstwertgefühl.

Inneren Frieden finden

In einer Welt, die verzweifelt um Frieden ringt, hat jeder von uns eine zweifache Aufgabe: zum einen sich selbst, zum anderen seinen Mitmenschen gegenüber. Wenn wir in dieser Welt Frieden schaffen wollen, müssen wir ihn zuerst in uns selbst verwirklichen und ihn in unserem täglichen Leben umsetzen. Auf diese Weise werden wir zu Lichtern, die, wenn sie mit anderen Lichtern zusammenkommen, zum Leuchtturm für die ganze Welt werden.

Wir müssen uns zuerst selbst heilen, wenn wir wollen, dass andere geheilt werden und wir müssen uns selbst wandeln, wenn wir wollen, dass die Menschheit verwandelt wird. Der universale Frieden beginnt in jedem Einzelnen von uns.

In sich zu ruhen, zu jeder Tages- und Nachtzeit, ist eine tägliche Herausforderung. Wenn wir Sie meistern, werden wir reich belohnt werden. Denn in seiner Mitte zu sein, zu wissen, wer man ist, sich selbst zu mögen und anzunehmen, ist eine große Bereicherung und die Grundlage für ein zufriedenes Leben.

Königliche Körperhaltung

Was war zuerst da: die Henne oder das Ei? Was ist zuerst da: eine äußerlich aufrechte, königliche Haltung oder das innere Selbstwertgefühl und ein entsprechendes Auftreten? Die Antwort aus der Lebenspraxis heißt: manchmal das eine, manchmal das andere.

Wenn Sie sich schlecht fühlen und Ihnen gar nicht nach Lachen zumute ist, richten Sie sich bitte trotzdem auf und halten Sie Ihren Oberkörper gerade. Der Hals darf ruhig ein wenig nach oben gedehnt werden – so als ob jemand an einem Faden zieht, der am Übergang zwischen Hals und Kopf befestigt ist. Nehmen Sie Ihre Schultern so nach hinten, dass Ihr Brustkorb nicht einfällt und Sie Ihren Busen nicht verstecken. Achten Sie einmal darauf, wie schnell sich auch Ihre innere Befindlichkeit verändert, wenn Sie Korrekturen an Ihrer äußeren Haltung vornehmen!

Es geht aber auch „von innen nach außen“ und zwar so: Setzen Sie sich auf einen Stuhl und lehnen Sie sich nicht an der Rückenlehne an. Schließen Sie die Augen und überlegen Sie sich: Möchte ich mich schwer oder leicht fühlen? Möchte ich frei oder gebunden sein? Möchte ich eine Königin oder eine Gefangene sein? Möchte ich leiden oder glücklich sein? Während Sie auf Ihre inneren Antworten lauschen, geben Sie allen Impulsen nach, Ihre Haltung zu verändern – im Sinne dessen, was Sie wirklich möchten.

Schauen Sie sich während des Tages einmal um – im Café, im Bus, auf der Straße: Wie viele Menschen mit einer gedrückten Haltung machen sich und anderen den Tag noch schwerer. Machen Sie es anders!

Kontakt zur Natur

Der Zustand Ihres Selbstwertgefühls hat viel damit zu tun, wie Sie sich selbst erleben. Halten Sie sich den größten Teil Ihrer Zeit in gemauerten oder betonierten Gebäuden, in geschlossenen Räumen auf? Bewegen Sie sich fast nur noch im Auto auf zementierten Straßen fort?

Auf diese Weise verlieren wir allmählich und fast unmerklich die Beziehung zur Schöpfung, zum naturhaften Puls des Lebens. Wir atmen dann kaum noch frische Luft, wissen gar nicht mehr, wie klares Wasser schmeckt und verlieren die Erinnerung an den Duft von Ackerfeldern und Blumenwiesen, von Nadelhölzern und Laubwäldern. Damit verengt sich auch unser Selbstbild: es reduziert sich auf das Funktionieren und Schaffen, Machen und Leisten, nur dann und wann unterbrochen von kleinen Ablenkungen und Vergnügungen.

Was können Sie tun, um wieder den Kontakt zur Natur herzustellen – und damit auch zu Ihrer eigenen inneren Natur? Ergreifen Sie jede Möglichkeit, die sich bietet, um einfach mal rauszufahren, in die Berge, an einen See, in den Wald oder über frische Wiesen zu gehen.

Leben Sie im Augenblick

Versuchen Sie, jeden Augenblick bewusst zu leben und zu genießen. Wir wissen nie, wann wir diese Welt wieder verlassen müssen. Versuchen Sie, die Vergangenheit zu vergessen. Lernen Sie aus den vermeintlichen Fehlern der Vergangenheit, aber leben Sie nicht in der Vergangenheit. Denn wenn Sie das tun, stehlen Sie sich die Zeit und Freude, die der jetzige Augenblick bereit hält.

Planen Sie die Zukunft, aber sorgen Sie sich nicht darum, denn Sie bestimmen im jetzigen Augenblick über das, was sein wird.

Zeit ist sehr kostbar und nur wir selbst fällen die Entscheidung darüber, wie wir sie verbringen wollen: positiv und konstruktiv oder zweifelnd und damit destruktiv.

Nutzen Sie jeden Augenblick Ihres Lebens! Seien Sie dankbar für jeden Atemzug, jede Sekunde, jede Minute, jede schöne Begegnung mit einem lieben Menschen, jedes Gespräch, jeden Telefonanruf. So würdigen Sie jeden Augenblick für das was er ist: unwiderbringlich und einzigartig.

Offen sein für Veränderungen

Fallen Sie aus allen Wolken, wenn eines Morgens die Straße gesperrt ist, auf der Sie sonst zur Arbeit fahren? Reagieren Sie verstört, wenn Sie hören, dass in Ihrer Firma eine Umstrukturierung vorgenommen werden soll und man die Arbeitsplätze anders aufteilen will? Gehen Sie auf Gegenkurs, wenn Ihnen Ihr Partner mitteilt, dass er ans andere Ende des Landes versetzt wird und Sie mit der ganzen Familie umziehen müssen?

Welche Neuerungen machen Ihnen Sorgen oder sogar Angst? Die Computerisierung, die steigende Hektik im Alltag, Unsicherheit im persönlichen Leben oder die Unwägbarkeiten des Lebens ganz allgemein?

„Alles fließt" sagten die alten Griechen. Kein Fluss, der still stünde und nicht nach kurzer Zeit zu stinken anfinge. Wenn die Dinge in Bewegung sind, dann ist das der ganz normale Lauf der Dinge. Bewegung bringt Veränderung. Stellen Sie sich Ihr Leben als einen Fluss vor. Sie sind der Fluss, das Ufer sind die jeweiligen Lebensumstände. Sie schwimmen dann am besten und reibungslosesten, wenn Sie mittendrin sind. Sobald Sie versuchen, sich an Sträuchern oder Vorsprüngen am Ufer festzuhalten, wird Sie der große starke Strom gewaltsam fortreißen – und das kann ziemlich weh tun.

Wenn wir an etwas festhalten, das nicht festzuhalten ist, schaden wir nur uns selbst. Denn der Lebensstrom fließt sowieso immer weiter.

Offenheit für Veränderungen kann man trainieren: indem wir versuchen, immer in der Mitte des Stroms zu schwimmen, an Ufern vorbei, die uns mehr oder weniger bekannt sind, einem Ziel entgegen, das wir bislang erst ahnen, das aber verheißungsvoll ist. Das geht dann am besten, wenn wir einen Bezug zu einer höheren, gnädigen Schöpferkraft haben oder entwickeln, auf die wir uns vertrauensvoll verlassen können.

Pflege der Eltern

Es scheint zwar „unmodern" geworden zu sein, die Familienbande zu achten und zu pflegen, aber echtes Selbstbewusstsein zu entwickeln ohne einen Hauch von Familiensinn und Achtung vor den Eltern zu haben ist paradox. Wir sind schließlich nicht vom Himmel gefallen, sondern wurden in eine Familie hineingeboren – und das hat mit Sicherheit Gründe, auch wenn wir sie vielleicht (noch) nicht erkennen können.

Selbst Menschen, die im Waisenhaus aufgewachsen sind, haben eine Mutter, die sie geboren und immerhin neun Monate lang in sich getragen und genährt hat, sowie einen Vater, der zumindest zur Zeugung notwendig war. Und auf jeden Fall hatten sie Menschen, die sich im Kleinkindalter um sie gekümmert haben, als sie völlig hilflos waren und allein auf sich gestellt gar nicht hätten überleben können.

Kein Mensch ist eine Insel – und Dankbarkeit und Anerkennung für die Menschen, die geholfen haben, dass wir überhaupt auf diese Welt kommen und die ersten Jahre überleben konnten, ist ein Teil eines festen Fundaments für Selbstbewusstsein. Wer zumindest seine engere Familie achtet – Eltern, Großeltern, Geschwister –, wird Gutes und weniger Gutes annehmen können, das Leben in seiner Vielfalt achten und in sich dessen bewusst sein, dass wir alle mehr oder weniger eng miteinander verbunden und aufeinander angewiesen sind. Wenn wir unserer Familie und vor allem den Eltern freundschaftlich oder vielleicht sogar liebevoll begegnen, dann kann unser Selbstwertgefühl erblühen wie eine Blume, die ihre Wurzeln in die Erde streckt. So stärken nämlich auch wir unsere Wurzeln und damit das Fundament unserer selbst.

Rufen Sie Ihre Eltern öfters an – auch dann, wenn die Verbindung zu ihnen nicht sehr gut ist und Sie sich ein wenig überwinden müssen. Sagen Sie einfach, „Ich wollte mal hören, wie es euch geht und euch danke sagen für alles, was ihr für mich getan habt." Sie werden überrascht sein, wie viel neue Kraft Sie dadurch schöpfen.

Positive Lebenseinstellung

Sie ganz allein haben die Wahl, ob Sie sich im Leben für Kämpfen oder Kranksein, Immer-recht-haben oder Zuspätkommen, Nörgeln oder Motzen – oder für das Glücklichsein entscheiden. Die Entscheidung liegt bei Ihnen. Treffen Sie noch heute Ihre Wahl und leben Sie dann auch wirklich danach. Entscheiden Sie sich dafür, ein Leben voller Freude zu haben – und vergessen Sie dabei nicht den Humor!

Doch halten Sie dieses Versprechen sich selbst gegenüber auch wirklich ein. Dies ist eine Vorbedingung für Erfolg. Übernehmen Sie Verantwortung für sich selbst und die Art, Ihr Leben zu leben. Beginnen Sie mit kleinen Schritten. Dazu gehört auch, Freude mit anderen zu teilen und Anteil zu nehmen an den Erfolgserlebnissen Ihrer Mitmenschen. Freuen Sie sich, wenn zum Beispiel Ihre Freundin eine Gehaltserhöhung bekommt oder Ihre Wohnung neu eingerichtet hat. Teilen Sie ihr Ihre Freude auch mit!

Überlegen Sie sich Ihre Antworten auf die folgenden Fragen:

- Wie gehe ich mit mir selbst um?
- Wie spreche ich zu mir selbst?
- Positiv, aufmunternd oder negativ, destruktiv?

Pünktlichkeit

„Pünktlichkeit ist die Höflichkeit der Könige" sagt ein altes Sprichwort. Auch in unserer Zeit, in der Königliche Hoheiten selten geworden sind, ist Pünktlichkeit eine Form der Höflichkeit, die jede Frau ziert, die sie als kleines Geschenk, als echte Aufmerksamkeit in die persönlichen Begegnungen mit anderen Menschen einbringt. Dazu gehört auch eigentlich nicht viel: Frau beginnt einfach etwas früher damit, das richtige Kleid oder den passenden Lippenstift auszusuchen, das Geschenk einzupacken oder die Kinder bei der Nachbarin abzuliefern …

Pünktlichkeit bringt Klarheit in den Geist – und ins ganze Leben.

Regelmäßige Bewegung

Körperliche Ertüchtigung ist genauso wichtig wie das Schulen des Intellekts sowie die Auseinandersetzung mit der Sinnhaftigkeit des Lebens. Es ist wichtig, seinen Körper fit zu halten, zum einen, um nicht einzurosten, zum anderen, weil es hilft, unangenehme Dinge, wie seelische Spannungen, im wahrsten Sinne des Wortes auszuschwitzen.

Um innerlich wie äußerlich in Bewegung zu bleiben, es ist gut, so oft wie möglich einen Ebenenwechsel vorzunehmen, zum Beispiel von der spirituellen zur Gefühls- oder von der intellektuellen zur körperlichen Ebene.

Wenn Sie vorwiegend intellektuelle Arbeit leisten und viel sitzen, ist es günstig, sich zum Ausgleich regelmäßig zu bewegen. Sportliche Betätigung strafft den Körper und verändert somit auch Ihre (innere und äußere) Haltung. Ihr Auftreten wird selbstsicherer, ausgeglichener und „fester“. Ein trainierter Körper fühlt sich außerdem einfach besser an. Sie müssen ja nicht gleich Leistungssportlerin werden. Suchen Sie sich die Art von Bewegung aus, die Ihnen am meisten Spaß macht und Ihrer Konstitution entspricht. Übertreiben Sie es nicht! Sport soll vor allem Freude und Genuss bringen.

Sportliche Betätigung kann über sehr viele persönliche Probleme und Spannungen hinweghelfen. Er hilft zum Beispiel, Aggressionen und Spannungen abzubauen, was uns auch für unsere Umwelt angenehmer macht. Sport kann uns über Schüchternheit hinweghelfen und als Katalysator dienen, Dinge, die in uns schlummern, auszudrücken.

Und natürlich hat Sport – sei es Wandern, Tennis, Wasserski oder Radfahren noch weitere positive Effekte: die Haut wird besser durchblutet und wirkt frischer. Wir fühlen uns energetisiert und gestärkt. Außerdem ist es ein gutes Gefühl, auch körperlich Kraft zu haben.

Kommen Sie also am besten mindestens zweimal pro Woche so richtig ins Schwitzen! Suchen Sie sich vielleicht eine Freundin oder einen Freund, der gemeinsam mit Ihnen Sport treibt, denn zu zweit ist man motivierter und es geht vieles leichter.

Seine Mitmenschen akzeptieren

Wenn ich andere annehmen kann, kann ich auch mich selbst akzeptieren. Wenn ich an anderen ständig etwas zu kritisieren habe, ist das womöglich nur eine Spiegelung meiner Unzufriedenheit mit mir selbst. Jeder Mensch hat Fehler und jeder Mensch hat auch gute Seiten. Jeder Einzelne ist des Lebens wert – sonst gäbe es ihn oder sie ja gar nicht. Natürlich sind das Binsenweisheiten, aber wir vergessen sie im Gedränge des Alltags viel zu oft.

Wenn ich möchte, dass jemand anderes sich ändert, muss ich damit beginnen, mich selbst zu ändern, indem ich an mir arbeite. Ich kann mir meine Umwelt nicht eigenhändig schnitzen, nur an meiner eigenen Persönlichkeit kann ich feilen und polieren.

Es ist eigentlich ganz einfach: Wir wirken anziehend, sympathisch und erfolgreich, wenn sich unsere Mitmenschen von uns verstanden und angenommen fühlen, wenn sie in uns jemanden finden, der ihnen zuhört, ohne alles gleich zu zerpflücken. Dieses liebevolle Annehmen strahlt auf uns zurück und stärkt unser Selbstbewusstsein.

Khalil Gibran, der Verfasser des wunderbaren Klassikers „Der Prophet“, sagte einmal: „Um das Herz und den Geist eines Menschen zu verstehen, schaue nicht darauf, was er schon erreicht hat, sondern blicke auf das, was er anstrebt.“

Versuchen wir also, in anderen deren Potenzial zu sehen und zu fördern. Dann werden wir auch bei uns selbst das Augenmerk mehr auf jene Anlagen richten, die in uns entwickelt werden wollen. Auf diese Weise können wir zuversichtlich in eine viel versprechende Zukunft schauen – denn wir machen schon aus der Gegenwart das Beste.

Selbstliebe

Selbstliebe besteht zunächst einmal darin, mit sich selbst achtsam und liebevoll umzugehen. Das klingt einfacher, als es in der Praxis ist. Zunächst müssten wir nämlich herausbekommen, wer wir „selbst“ denn eigentlich sind! „Mensch, erkenne dich selbst!“ stand über dem Portal zum Orakeltempel von Delphi geschrieben. Selbsterkenntnis ist das höchste Ziel der Weisen und Heiligen, die ihr ganzes Leben darauf verwenden, es zu erreichen.

Soll ich beispielsweise meine Schwächen lieben, meine Launenhaftigkeit, unausgegorene Verhaltensweisen, unbewusste Muster aus der Kindheit, Mechanismen, die von verdrängten Problemen herrühren? Natürlich nicht. Denn das bin ich im Kern ja nicht, das ist nur meine „Verkleidung“ – Schleier und Masken über meinem innersten Wesen. Trotzdem ist es wichtig, auch in Bezug auf diese Eigenschaften sorgsam mit mir umzugehen, mich nicht dafür zu verurteilen.

Soll ich meine Stärken lieben, etwa meine Geduld, meine Hilfsbereitschaft, meine Klarheit oder mein Mitgefühl? Das klingt zwar besser und solche Qualitäten sind es natürlich wert, gefördert zu werden. Aber sind nicht auch sie vergänglich wie die Blätter im Wind?

Zur wahren Selbstliebe gehört die Frage danach, was auch dann bleibt, wenn alles andere vergeht. Antworten finden wir in Philosophie und Religion, aber sie bleiben dort für uns letztlich theoretisch. Praktisch finden wir nur durch Kontemplation, Einkehr, Gebet oder Meditation zu dem, was in uns dauerhaft ist: das Selbst, die Seele, der „göttliche Funke“. Erst wenn wir Zugang zu diesem innersten Wesen gefunden haben, erschließt sich uns eine lichtvolle Quelle, die immer fließt und uns in allen Situationen des Lebens hilft – bis zum Tod und vielleicht sogar noch darüber hinaus.

Selbstlosigkeit

Selbstloser Dienst am Nächsten ist eine der edelsten Taten, die man in seinem Leben vollbringen kann. Es bedeutet auch, für die gesamte Menschheit hilfreich zu sein und die Eigenschaften Liebe für alle Menschen zu entwickeln. Täglich bieten sich uns zahlreiche Gelegenheiten, anderen zu helfen. Wir können dabei unsere Zeit, unser Geld oder unsere Fähigkeiten einsetzen. Es besteht also kein Mangel an Möglichkeiten, zum Wohle der Menschheit etwas zu geben – Sie müssen nur die Augen und Ohren offen halten, um Ihre Art und die für Sie richtige Gelegenheit des selbstlosen Dienens zu entdecken.

Je mehr Sie mit anderen teilen und an deren Leiden teilnehmen, je mehr werden Sie ein Gefühl des inneren Erfülltseins erleben und so Ihre inneren Werte stärken.

Sinnsuche

Sind Trinken und Essen, Arbeiten und Schlafen, Familie und Hobby alles im Leben? Oder gibt es da noch mehr? Antworten auf diese grundlegende Frage gibt es zuhauf – in Religion und Wissenschaft, in Philosophie und Psychologie. Auch die Kunst bringt immer wieder Antwortversuche auf die Sinnfrage hervor.

Mir scheint, dass es nicht so sehr auf die Antwort ankommt, die sowieso immer sehr individuell erlebt wird, sondern auf die Frage selbst. Stellen wir die Frage nach dem Sinn überhaupt? Laufen wir wie mit eingeschaltetem Autopiloten durchs Leben oder denken wir, spüren wir immer wieder nach?

Bereits die Beschäftigung mit der Frage kann uns neue Bewusstseinsdimensionen eröffnen und ein erweitertes Bild des Menschen und seiner Aufgabe in dieser Welt mit sich bringt. Ob dann sozialer Dienst oder Erfindergeist, wissenschaftliche Pionierarbeit oder die Entwicklung neuer Kunstformen den persönlichen Sinn ausmacht oder auch die Kindererziehung oder die Unterstützung von Partner oder Freuden bei beruflichen, sportlichen oder anderen Erfolgen, spielt keine Rolle. Wichtig ist es, nach einem Sinn zu suchen. Der verstorbene Wiener Psychologe Viktor Frankl hat als erster Wissenschaftler erkannt, dass bereits die Suche nach dem Lebenssinn eine heilsame Wirkung ausübt. In seinem Buch „Das Leiden am sinnlosen Leben“ zeigt er auf, wie man diesen wichtigen Grund für einen Mangel an Selbstwertgefühl – das Leiden an der Sinnlosigkeit – auflösen kann.

So wie Sie sind, sind Sie o. k.

Wie gehen Sie mit sich selbst um? Wie sprechen Sie mit sich? Wie behandeln Sie Ihren Körper? Wie stehen Sie zu Ihren Emotionen? Gönnen Sie sich regelmäßig etwas Gutes? Dies alles bestimmt Ihr Selbstwertgefühl und Ihre grundsätzliche Einstellung sich selbst gegenüber.

Zweifeln Sie nicht an sich! So wie sie sind, sind Sie einzigartig und liebenswert. Stehen Sie zu sich selbst, denn Sie sind etwas Besonderes. Vergleichen Sie sich nicht mit anderen Menschen – seien es Freundinnen oder Arbeitskollegen, denn damit machen Sie sich selbst nur schlecht. Jeder Mensch ist anders, jeder Mensch hat Stärken und Schwächen, Dinge, die er besser kann und Dinge, die ihm weniger gut gelingen. Kein Mensch ist vollkommen. Lernen Sie, an sich selbst Gefallen zu finden, an der Person, die Sie sind.

- Nehmen Sie sich jeden Morgen etwa 10 bis 15 Minuten Zeit. Stellen Sie sich vor den Spiegel und schauen Sie sich in die Augen. Beobachten Sie Ihr Gesicht.
- Sprechen Sie laut zu sich selbst, indem Sie beispielsweise sagen: „Ich mag mich so wie ich bin“ oder „Ich bin in Ordnung so wie ich bin“. Wiederholen Sie diesen Satz zehn- bis zwanzigmal.
- Führen Sie diese Übung eine Woche lang jeden Morgen durch und beobachten Sie, welche Veränderungen in Ihnen vor sich gehen und wie Sie nun mit sich umgehen.

Täglich jemandem eine Freude machen

Sicher kennen Sie das Motto von Pfadfindergruppen, das „Jeden Tag eine gute Tat" lautet. Es klingt naiv, ist aber höchst wirksam. In der jüdischen Religion hängen die Gläubigen zum Beispiel in ihrer Wohnung eine „Spendenbüchse" auf, in die sie jeden Tag, den Gott ihnen schenkt, etwas Geld einwerfen, um den Inhalt dann einem gemeinnützigen Zweck zuzuführen.

Aber Geld, eine mildtätige Spende, ist ja weder das einzige noch das wichtigste Mittel, einem anderen Menschen eine Freude zu bereiten. Dazu gibt es eine berühmte Geschichte aus dem Leben von Leo Tolstoi. Er ging eines Tages an einem armseligen zerlumpten Bettler vorbei, suchte in seinen Taschen vergeblich nach einer Münze, blickte dann den Bettler an, reichte ihm die Hand und sagte, „Bruder, ich habe leider nichts, was ich dir geben kann". Daraufhin antwortete der Bettler: „Du hast mir gerade das Schönste gegeben, das ich in meinem Leben je erhalten habe: Du hast mich angeblickt und mich Bruder genannt."

Wie können wir anderen Menschen eine Freude machen?

- Indem wir uns nach ihrem Befinden erkundigen.
- Indem wir an ihrem Leben Anteil nehmen.
- Indem wir ihnen gegenüber einen guten Wunsch, ein anerkennendes Wort oder sonst eine Ermunterung zum Ausdruck bringen.
- Indem wir Sie einfach liebevoll anblicken und uns freundlich verhalten – in der Straßenbahn, am Postschalter, in der Autobahnraststätte, beim Einkaufen, in der Kantine, am Arbeitsplatz und – nicht zu vergessen – zu Hause in der Familie.

Tägliche Meditation

Selbstvertrauen kann nur dann wirklich zu einem gesicherten Fundament unseres Lebens werden, wenn es immer vorhanden ist. Es muss nicht dauernd sichtbar zur Schau gestellt und wie eine goldene Bürgermeisterkette auf der Brust getragen werden. Es sollte vielmehr wie ein Anker sein, der auf stürmischer See dem Schiff des Lebens Halt gibt.

Unser Selbstbewusstsein hat zwei „Enden“: Mit dem einen stehen wir mit beiden Beinen fest auf der Erde, sind praktisch, realitätsbezogen und treffen handfeste Entscheidungen. Mit dem anderen Ende reicht unser Geist nach oben in den Himmel – und greift nach den Sternen. Wir können in diesem Sinne wie ein Baum werden, der mit seinen Wurzeln tief in die Erde hineinwächst und gleichzeitig seine Äste und Blätter in den Himmel reckt.

Meditation ist das Stillwerden des Gemüts, die eigene Erfahrung einer anderen geistigen Dimension. In der Meditation erleben wir ganz unmittelbar, dass wir mehr sind als Körper, Gefühle und Verstand. Wir erspüren und erfahren, dass es eine feine, unsichtbare Bewusstseinskraft gibt, die – wenn wir einmal die Verbindung mit ihr aufgenommen haben – uns belebt und stärkt und unserem Selbstverständnis eine neue Qualität verleiht.

Diese Qualität lässt sich aber nur erleben, wenn wir ihr Raum geben, indem wir täglich meditieren und uns eine Zeit der Stille und des Rückzugs ins eigene Innere gönnen. Es ist besser, jeden Tag nur zehn oder zwanzig Minuten zu meditieren, als drei oder vier Tage lang gar nicht und dafür dann eine Stunde. Weitere Anregungen zu diesem Thema finden Sie im letzten Kapitel.

Unvollkommenheiten annehmen

Wo liegt unser eigener „Weg der Mitte"? Damit meine ich den Weg zwischen kritischer Nörgelei oder kühler Pedanterie einerseits – weil die Dinge und Menschen nie so sind, wie wir sie gern hätten – und einem bequemen Wegschauen oder nachlässiger Oberflächlichkeit andererseits, weil wir uns lieber keinen Stress machen, nicht streiten oder einfach nicht wahrnehmen wollen, wenn etwas nicht stimmt?

Die Welt ist unvollkommen, wir sind unvollkommen. Auch unser Partner ist unvollkommen, der Beruf, die Wohnung, die Kinder ... Was ist eigentlich vollkommen? Na klar, unsere Träume und Hoffnungen, unsere Wünsche und Vorstellungen, vielleicht sogar unser Selbstbild?

Wenn Sie dazu neigen, unter der Unvollkommenheit des Lebens oder Ihrer selbst zu leiden, dann ist es höchste Zeit, sich zu entspannen. Das ist wörtlich gemeint! Atmen Sie einige Minuten lang tief ein und aus. Gehen Sie spazieren, hinaus in die Natur. Welches Blatt ist vollkommen, welche Blüte, welcher Baum? Und doch sind sie alle schön, nicht wahr? Nehmen Sie an, ganz tief in Herz und Bauch, dass es in einer Welt der begrenzten Formen und der – zumindest in Bezug auf ein Menschenleben – endlichen Zeit nie etwas geben kann, das „perfekt" ist. Das schließt jedoch nicht aus, dass wir uns weiterhin um Vervollkommnung bemühen (aber bitte entspannt!). Denn in diesem Leben zählt vor allem die Bemühung. Die Früchte, die Beurteilung, das Ergebnis dessen müssen wir ohnehin einer höheren Kraft überlassen.

Verantwortung übernehmen

Frauen tragen eine Menge Verantwortung. Verhütung zum Beispiel ist im Wesentlichen Frauensache (auch wenn man das beklagt) und natürlich das Gebären ganz und gar (auch wenn „Halbgötter in Weiß“ uns manchmal etwas anderes weismachen wollen); Kindererziehung, zumindest bis zum sechsten oder siebenten Lebensjahr, ist überwiegend Frauensache; auch Kochen und Haushalt – das was Leib und Seele zusammenhält oder erst zusammenführt – liegen meistens in der Verantwortung der Frau.

All diese Punkte sind unbestritten, lohnen aber, immer wieder einmal ausdrücklich genannt zu werden. Was weniger klar, aber nicht minder wichtig ist: Wir Frauen sind verantwortlich dafür, wie unsere Partnerschaft gestaltet wird, wie unsere Männer mit uns umgehen und wir mit ihnen. Wir haben die Verantwortung für unsere Gedanken und Gefühle, für unsere Vorlieben und Abneigungen, für unsere Launen und Stimmungen, Worte und Verhaltensweisen.

Unser Leben ist mit zunehmendem Alter nicht mehr ein Spiegel der Familie, in der wir aufwuchsen oder der Schule, in der wir lernten, sondern es zeigt unsere eigene Persönlichkeit mit all ihren besonderen charakterlichen Merkmalen. Wir tragen die Verantwortung dafür, diese Persönlichkeit zu bilden.

Der südafrikanische Nobelpreisträger Frederik Willem de Klerk sagte bei einer Friedenskonferenz in Wien: „Wandel ist keine Sache des Zufalls, sondern der eigenen Entscheidung“. Entscheiden Sie sich also, für Ihr Leben selbst die Verantwortung zu übernehmen und nicht auf „Wunder“ von außen zu warten, für die Sie nichts zu tun brauchen, die Sie aber auch nicht beeinflussen können.

Vergeben und Vergessen

Vergeben und Vergessen zeugt von menschlicher Größe und fördert außerdem das Selbstbewusstsein. Einem Menschen zu vergeben für das, was er uns vielleicht einmal angetan hat, ist keine allzu leichte Sache, aber von großer Bedeutung. Denn Vergangenes sollte ein für allemal vorbei sein. Vielleicht hat sich dieser Mensch verändert – oder Sie haben sich gewandelt.

Wenn Sie nicht in der Lage sind zu vergeben, hindern Sie sich daran, im Reinen mit sich selbst und diesem Menschen zu sein, der Sie vielleicht schon vor langer Zeit verletzt hat. Vergeben Sie gedanklich oder nehmen Sie Kontakt mit der betreffenden Person auf. Damit machen Sie Ihr Herz frei und Ihre Energie kann wieder ungehindert fließen.

Sobald Sie einem Menschen vergeben haben, haken sie diese Geschichte ab und vergessen Sie sie – für immer. Ab sofort können Sie diesem Menschen auch wieder frei und ungezwungen begegnen.

- Verpacken Sie Ihr Verletztsein gegenüber einer bestimmten Person in Ihrer Vorstellung in einen Luftballon und lassen Sie ihn in den Himmel davonfliegen. Dort ist er gut aufgehoben und Sie sind um ein Problem und eine psychische Belastung leichter geworden.

Wünsche offen aussprechen

Es ist, glaube ich, eine Eigenschaft von uns Frauen, manchmal bestimmte Dinge über uns ergehen zu lassen. Wir warten einfach ab, bis eine unangenehme Situation vorbei ist und schlucken das eine oder andere Gefühl oder Wort hinunter – besonders in der Partnerschaft, in der Ehe oder Vorgesetzten gegenüber. Dies kann zu aufgestauten Aggressionen, Depressionen oder sogar zu organischen Leiden führen.

Es ist an der Zeit, dass wir den Mut haben, unsere Bedürfnisse, Empfindungen und Wünsche auszudrücken – auch wenn wir glauben, wir hätten dazu keine Berechtigung oder die eigene Meinung sei nicht stichhaltig oder sachlich genug.

Besonders bei einer konflikthaften Kommunikation möchte ich Ihnen empfehlen, grundsätzlich die Ichform zu wählen. Sprechen Sie über sich, sagen Sie, wie Sie die Situation empfinden, dann können Sie sich und dem anderen Vorwürfe ersparen, denn diese führen ohnehin nicht weiter.

Haben Sie den Mut, Ihre Gefühle, Gedanken und Bedürfnisse auszudrücken und Ihre persönlichen Wünsche klar und liebevoll mitzuteilen. Dies bringt Sie dem anderen näher und er kann Sie gleichzeitig besser verstehen. Denn was Sie nicht ausdrücken, kann Ihr Partner auch nicht wissen. Oft glauben wir, wenn unser Partner uns liebt, dann weiß er auch was wir brauchen und empfinden. Doch das funktioniert nicht, der andere ist doch kein Hellseher!

Drücken Sie daher Ihre Wünsche deutlich aus – Sie werden überrascht sein, wenn Sie dann in Erfüllung gehen!

Ziele aufschreiben

Für unser Selbstbewusstsein ist es wichtig, persönliche Ziele zu entwickeln und zu verfolgen. Zu wissen, in welche Richtung wir uns im Leben bewegen wollen, gibt uns Kraft und lässt uns unsere Energien bündeln und gezielt einsetzen. Wenn wir dagegen einfach so in den Tag hineinleben und auf das warten, was uns der Zufall in die Hände spielt, vergeuden wir unter Umständen eine Menge Zeit – auf diese Weise liegen unsere Energien brach.

Wenn Sie persönliche Ziele entwickeln, werden Sie nicht nur feststellen, dass Sie innere Stärke entwickeln, sondern auch, dass Sie für Ihre Umwelt, ebenso wie für Ihren Partner interessanter werden.

- Nehmen Sie sich Zeit, um einfach einmal zu träumen. Lassen Sie Ihrer Fantasie freien Lauf. Träumen Sie, wie Sie sein möchten, wie Sie aussehen möchten, was Sie beruflich erreichen wollen, welche Art von Partnerschaft Sie sich wünschen, ob Sie Kinder haben oder reisen möchten …
- Notieren Sie die für Sie wichtigen Träume am besten in Ihr Tagebuch oder jeweils auf ein Blatt Papier. Verfolgen Sie dann ein Ziel bzw. einen Wunsch nach dem anderen. Manche können Sie sich vielleicht sofort erfüllen, andere mit einer angemessenen Frist, andere werden vielleicht Jahre brauchen. Wichtig ist, dass Sie Ziele haben, denn das verleiht Ihnen Lebenskraft und Freude.

Zur eigenen Meinung stehen

Wir Frauen haben meistens – vermutlich aus gesellschaftlichen Gründen – nicht gelernt, zu unserer eigenen Meinung zu stehen. Wir neigen oft dazu, zurückzustecken und zu denken, es sei besser, sich entweder gar nicht zu äußern oder dem anderen auch dann beizupflichten, wenn wir dafür unsere eigene Meinung aufgeben müssen. Wenn wir jedoch zu häufig ignorieren oder übergehen, was wir in uns selbst spüren, dann untergräbt das auf die Dauer massiv unser Selbstwertgefühl.

Der erste Schritt, zur eigenen Meinung zu stehen, besteht darin, sich klar zu machen, dass es keine Rolle spielt, wenn die eigene Meinung sich früher oder später als falsch herausstellt – und dass es eher zu einem anregenden, wahrhaftigen Gespräch beiträgt, frei zu äußern, was man denkt. Dieser erste Schritt fällt vielleicht leichter, wenn Sie Ihre Meinung nicht als absolut hinstellen, sondern Formulierungen wählen wie „Ich spüre …, Ich fühle …, Ich denke …“, oder: „Auch wenn ich das nicht genau begründen kann, finde ich …“. Sie kennzeichnen so Ihre Meinung bewusst als subjektiv, wodurch sie weniger angreifbar wird. Denn Gefühle sind persönlich, (angebliche) Fakten sind es nicht. Solange ich meine Meinung nicht als Tatsache hinstelle, sondern als meine individuelle Überzeugung oder persönliches Gefühl, kann sie eher akzeptiert werden.

Zur eigenen Meinung zu stehen ist wichtig, weil Sie auf diese Weise beginnen, sich für Ihre Intuition zu öffnen, für eine innere Kraft, die Ihr Leben führt und aus der heraus Sie sich mit sich selbst immer sicherer fühlen können – Ihr Selbstwertgefühl wird auf unsichtbare, aber wunderbare Weise gestärkt.

Zuverlässigkeit

„Versprochen!", so hieß einmal ein Werbeslogan. In einer Zeit, in der Politiker (auch Frauen) ihre Wahlversprechen quasi schon gewohnheitsmäßig brechen, in der jedes zweite bis dritte Eheversprechen nach einigen Jahren gebrochen wird, in der Kostenvoranschläge für Arbeiten fast grundsätzlich überzogen werden – und sich keiner über all das noch zu wundern scheint! – ist die persönliche Zuverlässigkeit ein seltener Pluspunkt im Leben. Obendrein kostet sie keinen einzigen Pfennig.

Alles, was wir zu tun haben, besteht darin, unser Gehirn einzuschalten, bevor wir etwas sagen und vor allem, bevor wir etwas zusagen. Gerade begeisterungsfähigen Menschen fällt das oft schwer, weil sie gern spontan ihre Hilfe anbieten. Aber wenn man häufig genug in die Tinte gefallen ist – weil man merkt, dass man aus objektiven Gründen nicht einhalten kann, was man versprochen hat – wird man wohl im Laufe der Jahre durch Schaden klug und hält sich mit Zusagen ein wenig zurück.

Anders liegt der Fall, wenn wir etwas versprechen und es einfach aus Bequemlichkeit oder aus Launenhaftigkeit nicht halten. Die Folgen sind zunächst Verwunderung, dann Verärgerung, schließlich Abwendung der Menschen unserer näheren Umwelt. Das aber kann zu einem – vermeidbaren – Knacks im Selbstwertgefühl führen.

Eigentlich ist die Sache ziemlich einfach: Was gesagt wird, wird auch getan. Wenn das ausnahmsweise nicht klappt oder nicht klappen kann, spricht man mit dem betreffenden Menschen offen darüber. So können Hindernisse für ein gesichertes Selbstwertgefühl abgebaut werden.

Selbstwertgefühl von innen heraus

Diese Welt ist eine verschlossene Tür.
Sie ist ein Hindernis auf dem Weg zum Ziel.
Und gleichzeitig ist sie ein Durchgang.
Simone Weil

Was ist die beste Grundlage für ein dauerhaftes gutes Selbstwertgefühl? Zu wissen, wer ich selbst überhaupt bin und in dem Bewusstsein zu leben, dass mir, meinem Innersten, meiner Seele, dem Selbst, niemand etwas anhaben kann. Selbstbewusstsein entfaltet sich, wenn ich erlebe, dass in mir eine Quelle von Zuversicht und Licht, von Wachheit und Liebe, von Klarheit und Freude existiert, die mein Leben mit Sinn erfüllt, auch dann, wenn ich diesen Sinn vielleicht (noch) nicht genau kenne.

Doch wie findet man zum Selbst, dieser unerschöpflichen inneren Quelle? Durch Besinnung, Gebete, Kontemplation oder Meditation …

Meditation

Meditation ist der „Königinnen-Weg" zur Erfüllung, denn sie verhilft uns zu einem unmittelbar erfahrbaren Kontakt zu Kräften in uns, die von einer höheren Ebene kommen und in Wahrheit göttlich sind. Meditation ist der Weg, um über die Begrenzungen von Raum und Zeit, von Körper, Gefühlen und Gedanken, von Instinkt, Gemüt und Verstand hinauszugehen und die andere Seite der Schöpfung, das umfassende Bewusstsein wahrzunehmen und das, was man ewiges Leben nennt. Im Gebet sprechen wir zu Gott. In der Meditation öffnen wir uns dafür, dass Gott sich uns durch seine Kräfte mitteilt.

Drei ganz unterschiedliche Übungsvorschläge zur Meditation möchte ich Ihnen in diesem letzten Kapitel vorstellen. Sie brauchen dazu kein Vorwissen und müssen auch nichts Bestimmtes glauben.

Meditative Übung bei Partnerproblemen

Die folgende meditative Übung – man könnte sie auch als eine Art psychische Energieübung bezeichnen – können Sie bei jeder Art von Partnerproblemen praktizieren. Bei dieser Einstimmung auf emotional-mentale sowie feinstoffliche Ebenen geht es um einen Energieausgleich sowie darum, alte Muster und Hemmungen zu lösen und eine Art inneren „Neubeginn" zu starten – nicht um eine rationale oder verbale Auseinandersetzung.

Diese Energieübung hat sich als eine wunderbare und wirkungsvolle Hilfe bewiesen, weil sie einmal nicht das „Problem" in den Mittelpunkt rückt, sondern auf einer energetischen Ebene wirkt.

- Setzen oder legen Sie sich entspannt und bequem hin, bleiben Sie aber hellwach. Achten Sie darauf, dass Ihnen nicht zu warm und nicht zu kalt ist sowie auf lockere Kleidung. Schließen Sie die Augen.
- Spüren Sie in Ihren Körper ein. Wo fühlen Sie sich am wohlsten? Lassen Sie sich dort vertrauensvoll ein.
- Denken Sie nun an Ihren Partner. Stellen Sie sich ihn vor. Fordern Sie ihn auf, sich Ihnen zu zeigen. Das kann so geschehen, dass Sie ihn direkt vor dem inneren Auge „sehen" oder dass seine Gestalt in Form eines Symbols, einer Form oder Energie erscheint.
- Beobachten Sie, ob Sie irgendeine energetische Kraft in Ihrem Körper wahrnehmen. Fühlen Sie sich an irgendeiner Stelle unwohl, blockiert, verspannt?
- Lassen Sie dann drei, vier Male mit der Ausatmung alle Blockaden und Verspannungen los, geben Sie sie ab und atmen Sie frische, lichte, harmonische Kraft in die betreffende Körperzone ein.
- Nachdem Sie sich auf diese Weise harmonisiert und stabilisiert haben, spüren Sie nun in sich hinein: „Welches Geschenk können oder möchten Sie Ihrem Partner geben, um Ihren Teil dazu beizutragen, das Problem zu lösen?" Achten Sie auf Ihren ersten energetischen Antwortimpuls. Es kann sich um eine Sache handeln, eine Farbe, ein Wort, eine Energie, ein Symbol oder irgendetwas anderes.
- Senden Sie ihm dieses Geschenk, verbunden mit Ihrem innerlich aufrichtigem Wunsch, dass dies helfen möge, einen Ausgleich bzw. eine

Klärung zu finden. Achten Sie darauf, wo Ihr Partner (bzw. seine Energieform) dieses Geschenk an- bzw. aufnimmt.

- Bitten Sie nun Ihren Partner, Ihnen ein Geschenk zu geben, das helfen kann, das Problem zu lösen.
- Beobachten Sie, wo Sie dieses Geschenk aufnehmen – falls Sie es annehmen möchten bzw. können. Können Sie dies nicht, geben Sie es ihm zurück.
- Verabschieden Sie Ihren Partner dann geistig und hüllen Sie ihn in eine Wolke des Lichts.
- Spüren Sie nun wieder in sich selbst hinein: Wie fühlen Sie sich? Ist es zu einer energetischen Klärung gekommen? Wie deuten Sie die beiden Geschenke?
- Zum Abschluss der Übung erinnern Sie sich an die Umgebung, in der Sie sich gerade befinden, atmen einige Male tiefer ein und aus, kommen ganz langsam und bewusst ins Hier und Jetzt zurück.

Kommen wir nun zu einer ganz anderen Form von Meditation, nämlich zum Erleben des inneren Lichts. Dabei geht es nicht um ein spezielles Anliegen, sondern darum, uns in unseren Wesensgrund einzulassen. Zur seelischen Einstimmung stelle ich ein Gedicht von Hugo von Hofmannsthal voran.

Ich lösch das Licht
Mit purpurner Hand,
Streif ab die Welt
Wie ein buntes Gewand

Und tauch ins Dunkel
Nackt und allein,
Das tiefe Reich
Wird mein, ich sein.

Groß' Wunder huschen
Durch Dickicht hin,
Quelladern springen
Im tiefsten Sinn,

O spränge noch manche,
Ich käm in' Kern,
Ins Herz der Welt,
Allem nah, allem fern.

Hugo von Hofmannsthal,
Ich lösch das Licht

Spirituelle Meditation

Eine klassische Definition von Meditation stammt von dem indischen Meditationslehrer Swami Vivekananda. Sie lautet:

- Die Ausrichtung der Aufmerksamkeit ist Konzentration.
- Die Ausrichtung der Aufmerksamkeit auf einen einzigen Gegenstand oder einen einzigen Gedanken nennt man „einpunktige Konzentration". Wenn die einpunktige Konzentration zweieinhalb Minuten aufrechterhalten wird, beginnt Meditation.
- Wenn eine solche Meditation zweieinhalb Stunden aufrecht erhalten werden kann, ergibt sich Samadhi, ein zeitweiser Zustand der Erleuchtung.

Was heute als Meditation bezeichnet wird und wovon viele Menschen glauben, sie käme (ausschließlich) aus dem Osten, war bei uns bereits im christlichen Mittelalter unter dem Begriff „Kontemplation" bekannt. Der Vorgang war der gleiche. So schrieb Angelus Silesius zum Beispiel im „Cherubinischen Wandersmann": „Wer seine Sinne ins Inn're hat gebracht, der hört, was man nicht red't und siehet in der Nacht."

Das bedeutet: Wenn wir unser Bewusstsein auf eine Ebene in uns bringen, die jenseits der Sinne liegt, dann werden wir innere Klänge hören und inneres Licht sehen, ganz ohne unsere physischen Sinnesorgane und ohne materielle, irdische Ursachen. Das hat schon Pythagoras mit dem Begriff der „Sphärenmusik" zum Ausdruck gebracht. Die große Weisheitslehrerin Madame Blavatsky nannte diese Kraft die „Stimme der Stille" und andere Mystiker prägten weitere Begriffe für dieses Erleben innerer Kräfte.

Wir sollten echte Meditation, die rein spirituell ist, nicht verwechseln mit Hypnose, Trance, Projektion, Vorstellung, Visualisierung, Einstimmung auf schöne Gefühle, Gedanken oder Bilder und so fort.

Eine solche Meditation, wie sie hier vorgeschlagen wird, dient vor allem der eigenen Harmonisierung, dem inneren Frieden, der Verbindung mit dem schattenlosen Licht der Seele. Auf dieser Grundlage wird dann auch unsere Fähigkeit gestärkt, im äußeren Leben zum Frieden in Familie und Gemeinschaft konstruktiv beitragen zu können.

Dazu einige Gedanken von Rajinder Singh, einem weltweit anerkannten Wissenschaftler und Mystiker, Meditationsmeister und Friedenspreisträger. Er beweist durch sein Leben, dass es möglich ist, mit beiden Beinen auf der Erde zu stehen und weltliche Leistungen mit spiritueller Entwicklung zu verbinden:

„Um Frieden zu finden, ist es erforderlich, die Probleme von einer völlig neuen Perspektive aus zu betrachten. Wir können nicht den Lauf der Welt oder ihre Probleme ändern, aber wir können dem Leben eine neue Dimension hinzufügen, um so Frieden zu finden. Wahrer und dauernder Friede kann nur im Inneren, in uns, gefunden werden.

Um in die spirituellen Regionen zu gelangen, müssen wir nach innen gehen und das geschieht durch den Vorgang, der als Meditation bekannt ist.

In der Meditation können wir unsere Seele vom physischen Körper trennen und so in die inneren Ebenen reisen. Die Methode der Meditation lernen wir von spirituellen Lehrern oder Mystikern, die diese Wissenschaft beherrschen. Zunächst erklären sie uns die Theorie, damit wir den Vorgang überhaupt verstehen. Dann geben sie uns bei der Meditationseinweisung (‚Initiation') eine praktische Erfahrung davon. Die spirituellen Lehrer erklären uns auch, dass das schöpferische Prinzip des Universums, das wir Gott nennen, am Anfang ganz allein da war. Es heißt, dass Gott ein Ozean der Allbewusstheit, der Glückseligkeit und der Freude war. Als Er sich entschloss, aus einem viele zu werden, verursachte dieser Gedanke eine schöpferische Schwingung, aus der die zwei ursprünglichen Manifestationen Licht und Ton entstanden. (Der Licht- und Tonstrom ist das, was die Bibel als das ‚Wort', den ‚Heiligen Geist' und das ‚Feuer' bezeichnet.)

Der Meditationsweg, der von den Lehrern der Wissenschaft der Spiritualität gelehrt wird, ist eine einfache Methode, durch die man sich über den physischen Körper erheben und in die inneren Ebenen reisen kann. Meditation erfordert die Konzentration an einem bestimmten Punkt im Körper, durch den wir die inneren Bereiche betreten können.

Manche vertreten die Auffassung, dass der Weg der Meditation eine Art Weltflucht sei. Sie glauben, dass es erforderlich sei, sich zurückzuziehen wie ein Mönch. Aber wahre Meditation führt nicht zu Weltflucht, sie macht uns stattdessen engagierter und bewusster. Sie ist eine der wirkungsvollsten Methoden, um aktiv für äußeren Frieden zu arbeiten. Die Lehrer der Wissenschaft der Spiritualität ermutigen uns, ein ausgewogenes Leben in dieser Welt zu führen und während wir auf unser spirituelles Ziel hinarbeiten, sollten wir ein erfolgreiches Leben führen, ein Leben, in dem wir viel schaffen und alle unsere Verpflichtungen erfüllen.

Wir müssen unseren Lebensunterhalt ehrlich verdienen. Wir müssen uns um unsere Familie kümmern. Wir sollten dazu beitragen, den Bedürfnissen unserer Nachbarn, unserer Gemeinde, unserer Gesellschaft, der Nation und der Welt gerecht zu werden. Jede Aufgabe sollten wir so gut wie möglich ausführen. Einerseits erlangen wir (durch die Meditation) innere Erleuchtung und Frieden für uns selbst und andererseits setzen wir unsere Talente und Fähigkeiten und das Geschenk der menschlichen Geburt ein, um diese Erde zu einem besseren und friedvollen Ort zu machen.“

Die nun folgende Meditationsanleitung entspricht den Lehren der Meister des Licht- und Tonstroms und war vermutlich auch im frühen Christentum bekannt. Es gibt zwei Ströme im Körper, den sensorischen und den motorischen. Der motorische Strom ist verantwortlich für alle unwillkürlichen Funktionen des Körpers, wie die Atmung, den Blutkreislauf und so fort. Er erhält uns körperlich am Leben. Der sensorische Strom im Körper ist das Bewusstsein, das sich zumeist über die Sinnesorgane nach außen wendet und in Gefühlen, Gedanken und Träumen mit der Welt beschäftigt ist. Wenn es gelingt, den sensorischen Strom zu sammeln, sozusagen an seinen Ursprung zurückzuziehen und ihn am dritten Auge, am Sitz der Seele, zu konzentrieren, erlangt man Eintritt in die inneren, spirituellen Ebenen. Dann beginnt Meditation.

Das innere Licht

Die Meditation ist ein Vorgang, bei dem wir die Aufmerksamkeit von der äußeren Welt zurückziehen und sie am Sitz der Seele konzentrieren, der sich auf der Stirn zwischen und hinter den Augenbrauen befindet. Wenn Sie Ihre Aufmerksamkeit an diesem Punkt sammeln, dann treten Sie mit dem inneren, göttlichen Licht in Verbindung.

Um sich aber am Sitz der Seele zu sammeln, müssen wir zuerst unseren Körper und unser Gemüt zur Ruhe bringen und die Aufmerksamkeit statt über die Sinne nach außen nach innen lenken.

Dazu sollten wir eine Haltung einnehmen, in der wir entspannt sitzen können, auf einem Stuhl oder auf einer Decke auf dem Boden.

Es ist empfehlenswert, an einem ruhigen Ort zu meditieren.

Sie sollten also ruhig und entspannt sitzen, dabei jedoch geistig ganz wach sein.

- Schließen Sie nun die Augen ganz entspannt, so wie wenn Sie sich schlafen legen, bleiben aber zugleich hellwach.
- Wenn Sie die Augen schließen, werden Sie zunächst Dunkelheit sehen. Das, was die Dunkelheit sieht, ist das innere oder „dritte Auge“.
- Mit diesem inneren Auge sollten Sie liebevoll und wach, entspannt und gleichzeitig gesammelt – aber ohne irgendeine Vorstellung oder Visualisierung – in die Mitte dessen schauen, was vor Ihnen ist, so als ob Sie einen Film ansehen würden. Dabei richten Sie Ihren Blick nur auf einen kleinen Fleck in der Mitte der „Leinwand“, der etwa so groß ist wie ein Geldstück. Obwohl dieses Schauen innerlich stattfindet, schauen Sie auf einen Fleck etwa fünfzehn bis zwanzig Zentimeter vor der Stirn, nicht nach innen hinter die Stirn. Denn sonst wenden sich die physischen Augen unwillkürlich dorthin, woraus ein Druck im Kopf oder Kopfschmerzen resultieren können.
- Dabei ist es nützlich, einen Namen Gottes (Gott, Christus, Große Mutter, Allah …) langsam und in Abständen mental am dritten Auge zu wiederholen. So können Sie sich immer wieder daran erinnern, dass Sie in dieser kurzen Zeit nicht der Welt draußen nachhängen und auch nicht den auftauchenden Gedanken, sondern mit Ihrer Aufmerksamkeit beim inneren Schauen bleiben.

- Wenn Sie nun bei geschlossenen Augen in die Mitte dessen blicken, was vor Ihnen ist, mag zunächst Dunkelheit da sein oder auch ein diffuses, nebliges Licht, Farben, Formen, Gestalten … Auch ein Sternenhimmel, ein einzelner großer Stern, Mond, Sonne, ein Auge oder Ähnliches mag auftauchen.
- Es geht jedoch beim inneren Schauen nicht um das, was Sie sehen; halten Sie auch nichts fest oder wünschen etwas herbei – Sie erwarten nichts und lehnen nichts ab.
- Bleiben Sie mit dem inneren Blick immer in der Mitte dessen, was Sie sehen.
- Wenn Sie Heilige oder Himmelsgestalten wahrnehmen, sollten Sie auf die Mitte ihrer Stirn schauen und weiterhin den gewählten göttlichen Namen gedanklich wiederholen, um so zu prüfen, ob es sich nur um eine Vorstellung oder um einen wahren Heiligen handelt. Letzteren können wir bitten, uns zu helfen, den weiteren Weg zu Gott zu finden.

Es ist möglich dass sich die Sinnesströme bei dieser Lichtmeditation so weit zurückziehen, dass man die Gliedmaßen oder sogar den ganzen Körper nicht mehr spürt. Das ist in Ordnung so, denn es geht bei diesem Vorgang um ein zeitweises Eintauchen in eine andere Bewusstseinsebene. Sie können diese (und jede andere) Meditation beenden, wann immer Sie mögen. Man kann noch hinzufügen, dass Sie auf „Stimmen" nicht hören sollten, weil es sich fast immer um Täuschungen handelt.

Die oben angebotene Einführung in die Lichtmeditation ist ein erster Schritt. Im Regelfall brauchen wir dann aber die Hilfe eines Meditationslehrers. Wer die seltene Gelegenheit erhält, in eine echte spirituelle Meditation von einem kompetenten Lehrer eingewiesen zu werden, sollte nicht zögern, sie nutzen.

Chancen und Gefahren von Meditation

Wenn man so meditiert, wie es der Meditationsmeister Rajinder Singh vorschlägt, gibt es nur Chancen, keinerlei Gefahren. Dann führt Meditation nicht zur Abkehr von Problemen oder zum Rückzug in eine vermeintlich ideale innere Welt.

Über längere Zeit hinweg und nach komplizierten metaphysischen Methoden zu meditieren, ohne einen Lehrer zu haben, halte ich für problematisch, weil die Bewusstseinsbereiche jenseits des Alltagsdenkens und des üblichen Fühlens doch für die meisten von uns zunächst ein Buch mit sieben Siegeln darstellen, mit dem wir allein auf Dauer kaum zurechtkommen können.

Ich rate dazu, anfangs das eine oder andere Buch über Meditation zu lesen und verschiedene Meditationstreffen oder Seminare zu besuchen. Wenn Ihr Bedürfnis oder Ihre Sehnsucht nach einem kompetenten Lehrer groß ist, können Sie auch im Gebet darum bitten, zu dem für Sie richtigen Lehrer geführt zu werden.

Kommen wir nun zu einer dritten, mehr mentalen Meditationsübung, bei er es um Selbst-Bewusst-Sein und Selbstverwirklichung geht. Dabei wir die ewige universale Frage des Menschen gestellt: Wer bin ich?

Wer bin ich wirklich?

Wir können uns umso besser verwirklichen und mit anderen austauschen, wir werden uns und andere Menschen umso besser verstehen und harmonischer mit ihnen zusammenleben, je mehr wir uns selbst erkennen. Wenn Sie sich gut kennen, dann wissen Sie von Ihren kleinen und großen Schwächen, von Sorgen und Nöten, von Freude und Erfüllung, von Angst und Hoffnung.

Wenn Sie tief innen spüren, dass Sie mehr sind als nur ein wirres Knäuel an Gefühlen und Gedanken, das in einem mehr oder weniger angenehmen Körper in dieser merkwürdigen Welt existiert, dann werden Sie auch Ihren Mitmenschen mit einer anderen Einstellung gegenübertreten. Ihre Kommunikation, Ihr Tun, Ihr ganzes Leben werden liebevoller, menschlicher, herzlicher, teilnahmsvoller und hilfreicher werden.

Um mehr von sich selbst zu erfahren, hat sich die meditative Fragemeditation „Wer bin ich wirklich?" bewährt. Sie werden staunen, wie viele neue Einsichten Sie damit gewinnen können, wenn Sie sich von den Fragen in Ihr Inneres tragen lassen. Diese Übung dauert etwa zehn bis zwanzig Minuten. Sie können sie gut als festen Bestandteil in Ihren Wochenablauf einplanen und sie regelmäßig durchführen.

Fragemeditation

- Setzen Sie sich aufrecht und entspannt in einen Sessel oder auf einen bequemen Stuhl. Schließen Sie die Augen, bleiben Sie aber hellwach.
- Atmen Sie einige Male tief ein und aus und entspannen Sie sich. Lassen Sie mit dem Ausatmen alle Belastungen und Sorgen los.
- Sammeln Sie dann Ihre Aufmerksamkeit und richten Sie Ihr Bewusstsein nacheinander auf die folgenden Fragen. Seien Sie dabei offen für Impulse, Einsichten oder Energien, die Sie sozusagen als Antwort auf diese Fragen erhalten. Nehmen Sie diese ganz bewusst wahr. Lassen Sie „Erlebnispausen" zwischen den Fragen entstehen, nehmen Sie sich genügend Zeit. Und fügen Sie eigene Begriffe hinzu!

Wer bin ich?
Wer bin ich eigentlich?
Wer bin ich wirklich?
...
Wer bin ich?
Bin ich Ruhe?
Wer bin ich?
Bin ich auch Stille?
Wer bin ich?
Bin ich Frieden?
Bin ich auch Klarheit?
...
Bin ich Kraft?
Bin ich auch Harmonie?
...
Bin ich Freude?
Bin ich auch Liebe?
...
Bin ich Leben?
Bin ich vor allem bewusste Seele?
...
Bin ich Bewusstsein?
Bin ich bewusstes Sein?

- Je nachdem, in welchem Bereich Ihres Lebens Sie gerade Unterstützung brauchen, können Sie eine der folgenden Fragen in Ihre Fragemeditation mit aufnehmen.

Welche Qualität möchte ich besonders entwickeln, um besser zuzuhören?
Achten Sie auf den ersten inneren Impuls, der sich bemerkbar macht. Lassen Sie sich dann auf diese Qualität ein.

Welche Qualität ist jetzt wichtig für mich, damit ich mich klarer ausdrücke und besser verstanden werde?
Hören Sie auf die Antwort Ihrer inneren Stimme. Lassen Sie sich nun auf diese Qualität ein.

Welche Qualität brauche ich in den nächsten Tagen besonders?
Versuchen Sie, diese mit in Ihren Alltag hinüberzunehmen.

Welche Energie wäre für die Verbesserung meiner Kommunikation in Ehe, Partnerschaft, Familie, Beruf ... am wichtigsten?
Stellen Sie sich auch auf diese Energie bewusst ein.

- Was ist im Verlaufe dieser Übung in Ihnen geschehen? Hat sich etwas verändert? Was haben Sie erfahren?
- Beenden Sie nun die Übung sehr langsam, indem Sie sich an die Umgebung erinnern, in der Sie gerade sind. Fühlen Sie sich wieder ganz bewusst in Ihren Körper ein, atmen Sie einige Male tief ein und aus und kommen Sie langsam in den Tag zurück.

Gedanken zum Schluss

Sage nicht : Ich weiß nicht.
Sage: bislang habe ich noch nicht gelernt.

Die Frau, die nach Wissen und Schönheit strebt,
die ihre erhabene Verantwortung erkennt,
wird das Leben erhöhen.

Lerne Glück zu verbreiten – verurteile nicht.

Sie werden dich fragen, wie man durch das Leben geht.
Antworte einfach: Wie man über einen tiefen Abgrund
über einem straff gespannten Seil geht –
voller Schönheit, achtsam und wie schwebend …
Helena Roerich

Anhang

Testauswertung

Sie können maximal 50 Ja-Antworten gegeben haben. Dass Sie kein einziges Mal mit Ja geantwortet haben, halte ich für höchst unwahrscheinlich. Notieren Sie nun zuerst die Anzahl Ihrer Ja- und Nein-Antworten zu den einzelnen Bereichen und errechnen Sie dann das Gesamtergebnis.

	Ja	Nein
Wohlbefinden und Umgebung	....	....
Arbeit	....	....
Beziehungen und Kommunikation	....	....
Geld	....	....
Geistige Bewusstheit	....	....
Gesamtergebnis	....	....

45 Ja-Antworten oder mehr:
Sie wissen recht genau, wer Sie sind, welche Ziele Sie verfolgen und auf welchen Wegen Sie dorthin gelangen können. Vermutlich finden Sie in diesem Buch trotzdem noch so manchen Hinweis, um weiter an sich zu arbeiten. Vor allem können Sie es dazu benutzen, um vieles von dem, was Sie schon bewusst oder unbewusst verwirklicht haben, an andere Menschen weiterzugeben. Anregungen, Beispiele und Übungen werden Sie dabei unterstützen.

30 bis 44 Ja-Antworten:
Sie sind auf dem richtigen Weg zum natürlichen Selbstwert. Sie erleben schon häufiger, wie wunderbar es ist, ganz in sich selbst zu ruhen und aus innerer Stärke heraus zu fühlen, zu sprechen und zu handeln. Wahrscheinlich ärgern Sie sich aber trotzdem häufig darüber, dass Sie nach guten Tagen immer wieder auch in emotionale Täler mit schlechter Laune, körperlicher Schlappheit oder geistiger Trägheit abrutschen. Nutzen Sie dieses Handbuch, um Ihre bereits vorhandenen Stärken zu festigen und um Ihre gelegentlichen Schwächen nach und nach loszulassen – oder sich einfach durch solche ganz menschlichen Momente nicht mehr so viel Energie abziehen zu lassen.

16 bis 29 Ja-Antworten:
Für Sie bedeutet es eine echte Herausforderung, sich mehr Selbstvertrauen und Selbstwertgefühl zu erarbeiten. Manchmal betrachten Sie andere Frauen, die Selbstbewusstsein und Stärke anscheinend im Überfluss haben und ausstrahlen und überlegen sich vielleicht, wie Sie das selbst anstellen könnten. „Was ein Mensch kann, kann auch ein anderer", lautet ein geflügeltes Wort. Ein anderes besagt: „Rom wurde nicht an einem Tag erbaut." Fassen Sie also Mut, Ihre Ziele zu bestimmen und darauf zuzugehen, auch wenn Sie sie nicht sofort erreichen werden. Es ist normal, dass wichtige Prozesse Zeit brauchen und auch dass es Rückschläge gibt – verlieren Sie nur das Ziel nicht aus den Augen und arbeiten Sie langsam, aber stetig weiter daran, es zu erreichen. Sie werden feststellen, dass nach und nach eine innere Kraftquelle in Ihnen zu wirken beginnt, die Ihnen beständig hilft, vorwärtszukommen. In den folgenden Kapiteln finden Sie handfeste Anleitungen, wie Sie diese Quelle entdecken und nutzen können.

Weniger als 15 Ja-Antworten insgesamt oder weniger als mindestens 3 Ja-Antworten in einer der Fragenbereiche:
Sie scheinen eine ordentliche Portion Energie, Klarheit und Selbstvertrauen nötig zu haben. Dieses Buch kann Ihnen sicher dabei helfen. Zwei Vorschläge aber schon an dieser Stelle: Hören Sie eine Woche lang keinem Menschen zu, der etwas Negatives über Sie sagt. Und beginnen und

beenden Sie jeden Tag dieser Woche mit der folgenden Affirmation, die Sie fünf Minuten lang bei geschlossenen Augen und angenehmer, innerlich aufrechter Körperhaltung langsam und deutlich vor sich hinsprechen:

Ich bin es mir wert!

Erläuterungen zu den einzelnen Fragen

Sicher wird Ihnen bei den meisten Fragen auf Anhieb klar sein, warum sie gestellt wurden. Vielleicht gibt es aber einige andere, bei denen Sie sich wundern, was dahinter steckt. An dieser Stelle möchte ich Ihnen kurz zu jeder einzelnen Frage darstellen, welche Bedeutung sie für das Selbstwertgefühl hat. Manches wird Ihnen erscheinen, es hat sich aber in der Lebens- und Beratungspraxis bewährt, sich die Zusammenhänge ausdrücklich bewusst zu machen.

Erst, wenn etwas wirklich ins Bewusstsein vorgedrungen ist und nicht nur mental, sondern auch auf der emotionalen Ebene begriffen und angenommen wird, können wir uns und unser Leben ändern. Es wird dann möglich, ganz konkret etwas zu unternehmen und unser eigenes Verhalten bzw. unsere eigene Einstellung so zu ändern, dass wir mehr Lebensfreude erfahren und echte Eigenliebe entwickeln können.

Bereits das Durchgehen der Hinweise zu den Fragen wird Ihnen einige Lichter aufgehen lassen und Impulse geben, sich selbst noch besser wahrzunehmen und vermehrt auf Ihre innere Stimme zu hören.

Wohlbefinden und Umgebung

1. Ich schlafe meistens gut:

Wenn Sie längere Zeit hindurch nicht gut schlafen, sollten Sie prüfen, welche physischen oder psychischen Probleme Sie belasten und sich um Abhilfe kümmern (mehr Urlaub, Aussprache mit dem Partner, früher zu Bett gehen, spät abends nicht mehr schwer essen, das Bett umstellen etc.). Wer ständig schlecht schläft oder auch einfach nur nicht gut schläft, gibt nicht genug auf sich Acht, tut sich nicht genügend „Gutes“. Und dies ist bekanntlich eine wichtige Grundlage für ein natürliches Selbstwertgefühl.

2. Meine Wohnung/mein Zimmer/mein Haus ist so eingerichtet, dass es mir rundum gefällt – Farben, Möbel, Bilder etc.:
Erleben Sie Ihre Umgebung bewusst als eine Stütze für Ihr Wohlbefinden? Freuen Sie sich an den Farben und Formen, den Möbeln und Gegenständen, die Sie umgeben? Falls nicht, sollten Sie vielleicht ein paar Dinge umstellen, neu anstreichen, andere Bezüge besorgen – oder sogar umziehen. Falls Sie spüren, dass Sie mit Partner und Familie zu viele Kompromisse machen (müssen) – aus räumlichen, finanziellen oder geschmacklichen Gründen – so loten Sie bitte für sich und im Gespräch mit den anderen aus, bei welchen Dingen Sie ganz allein bestimmen können.

3. Ich achte darauf, viel Frischkost, Salat, Gemüse und Obst zu essen:
Sind Sie es sich selbst wert, bei guter Gesundheit zu sein und dementsprechend auch durch Ihre Ernährung vorzusorgen? Dann verfügen Sie bereits über einen wichtigen Baustein für die Entwicklung von Eigenliebe und Selbstwertgefühl. Falls nicht, sollten Sie einmal eine ganze Woche lang bewusst auf Ihre Ernährung achten, um vielleicht den Grundstein für eine grundsätzliche Ernährungsumstellung zu legen.

4. Ich bin bei Terminen fast immer pünktlich:
Wer nicht pünktlich ist, fühlt sich entweder ständig unter Druck oder muss sich immer wieder offene oder versteckte Kritik anhören. Wer sich dagegen ein „dickes Fell" zulegt, verliert zunehmend an Sensibilität und missachtet die Gefühle und Bedürfnisse seiner Umwelt. Zu einem gesunden Selbstwertgefühl gehört, auch andere Menschen mit Ihren Wünschen zu respektieren und sich entsprechend zu verhalten.

5. Meine Haushaltsgeräte, mein Auto usw. funktionieren alle problemlos, bzw. sind bereits in Reparatur:
Ein weiterer Mosaikstein für die Liebe und Achtung sich selbst gegenüber: Sind Sie es sich wert, dass Ihr Umfeld in Ordnung ist? Übernehmen Sie die Verantwortung und das „Kommando", wenn etwas nicht funktioniert und kümmern sich darum? Oder sind Sie entweder nachlässig oder fallen in das Klein-Mädchen-Schema des „Mit Technik kenne ich mich nicht aus"?

6. Ich fühle mich insgesamt ganz gesund:
Vollkommene Gesundheit gibt es natürlich nicht, aber wir haben es durchaus selbst in der Hand, ein zufrieden stellendes körperliches Wohlbefinden zu sichern. Dazu gehört übrigens auch, dass wir lernen, mit unveränderbaren Handicaps (von der Brille oder den Kontaktlinsen bis hin zu künstlichen Gliedern oder chronischen Behinderungen) gelassen umzugehen.

7. Ich mag die Gegend, in der ich wohne:
Wenn Sie sich permanent unwohl fühlen, weil Sie in einer Umgebung wohnen, die Ihnen nicht wirklich zusagt, können Sie kein gesundes Selbstwertgefühl entwickeln. Richten Sie Ihre Energie darauf, einen Umzug in eine angenehmere Gegend zu bewerkstelligen. Im Verlauf des Buches gibt es eine Reihe von Vorschlägen dazu, wie Sie Ihre inneren Kräfte aktivieren können.

8. Ich bin mit meinem Körpergewicht zufrieden:
Seien wir ehrlich – das ist für die meisten von uns eines der Hauptprobleme. Welche Frau fühlt sich nicht – zumindest hin und wieder – mies, weil sie glaubt, ein paar Kilo zu viel zu wiegen? Oder weil sie nicht dem vermeintlichen Idealbild aus den Medien entspricht? Zum Thema Gewicht finden Sie psychologische und physiologische Hilfen ab Seite 48.

9. Meine Papiere habe ich alle gut geordnet:
Das wäre ein Zeichen guter mentaler Klarheit und täglicher Sorgfalt und Gründlichkeit. Die meisten Menschen – nicht nur Frauen, sondern sogar meistens eher Männer – haben damit ihre liebe Not. Es muss ja nicht gleich eine ausgeprägte Ordnungssucht sein, die uns treibt. Aber ab und zu alle Papiere zu ordnen, bringt frischen Wind in den Geist und klärt das Denken: zuweilen ergeben sich sogar völlig neue Perspektiven, das Leben zu betrachten. Probieren Sie es aus!

10. Ich gehe regelmäßig zum Zahnarzt bzw. meine Zähne sind alle o. k.:
„An ihren Zähnen sollst du sie erkennen“, könnte man ein geflügeltes Wort umwandeln. Wer seine Zähne pflegt, achtet auf Gesundheit und

Schönheit zugleich und nimmt sich selbst wichtig genug, um achtsam mit sich umzugehen.

11. Ich habe praktisch immer genug Zeit:
Selbstverständlich sind wir ab und an in Hetze, vor allem, wenn wir Beruf und Familie, Haushalt und Kinder, Wünsche des Partners sowie eigene Interessen unter einen Hut bekommen wollen. Wenn Sie sich jedoch häufig unter Zeitdruck fühlen, teilen Sie Ihre Zeit vielleicht falsch ein oder lassen sich willig Dinge aufladen, die Sie überfordern. Wer sich seines Selbstwertes bewusst ist, wird zu große Belastungen gar nicht erst annehmen oder sie nach einer Probezeit wieder zurückgeben – ohne sich deshalb minderwertig oder unsozial zu fühlen. Oft opfern wir unsere Zeit und übersehen dabei, dass wir anderen Menschen nur dann wirklich etwas geben können, wenn wir genug Muße haben und in uns selbst ruhen.

12. Mit meiner Kleidung bin ich zufrieden, sie macht mir Freude:
Hier erübrigt sich eigentlich jeder Kommentar. Welche Frau wüsste nicht, wie wichtig Kleidung für das Selbstwertgefühl ist – auch wenn (zu) viele Männer das immer noch nicht verstehen können oder wollen.

Arbeit

1. Meine Arbeit macht mir Freude:
Wenn Sie hier nicht mit Ja antworten können, stimmt ganz grundlegend etwas nicht. Bitte setzen Sie sich dann mit Ihrem Partner, einer Freundin oder einer Kollegin zusammen und besprechen Sie Ihre Arbeit, Veränderungsmöglichkeiten und Alternativen. Hilfestellung finden Sie außerdem beim Arbeitsamt oder einer anderen professionellen (Berufs-)Beratungsstelle.

2. Mit Kollegen komme ich gut aus:
Wie kann man selbstbewusst und authentisch sein, wenn ständig schlechte Stimmung herrscht oder auch nur Getratsche hinter dem eigenen oder dem Rücken anderer? Da wir andere Menschen in der Regel nicht ändern

können, müssen wir gerade an diesem Punkt akzeptieren, dass nur wir selbst in Bezug auf eine unschöne Situation etwas ausrichten können: und zwar indem wir in unserer Mitte bleiben, komme was wolle. Wir sollten in jedem Fall ruhig, gelassen, freundlich und neutral bleiben – und dabei sogar noch menschlich und konstruktiv. Wie das gehen soll? Vor allem im letzten Kapitel erfahren Sie mehr darüber. Notfalls, bei echtem Mobbing oder anderen völlig unannehmbaren Verhältnissen, sollten Sie vielleicht sogar in Erwägung ziehen, sich nach einer anderen Arbeitsstelle umzusehen.

3. Mein Partner/meine Familie erkennt meine Arbeit an:
Wer kann schon ohne Anerkennung leben? Männer brauchen meistens Anerkennung für ihre Arbeit, für ihre „Erfolge". Frauen sehnen sich oft aus Gewohnheit eher nach Anerkennung für ihr „So-Sein", für ihr Aussehen, eine neue Frisur oder ein hübsches Kleidungsstück. Damit werden natürlich bestimmte Rollenmuster geprägt. Achten Sie trotzdem darauf, dass Ihr Partner oder Ihre Familie etwas über Ihre Arbeit erfahren – inklusive der Hausarbeit, die ist nämlich auch nicht selbstverständlich! Wenn sie nicht von sich aus fragen, sprechen Sie einfach darüber und machen Sie deutlich, dass es Ihnen wichtig ist, sich über Ihre Arbeit auszutauschen und auch ein Feedback zu erhalten.

4. Am Beginn des Arbeitstages weiß oder plane ich, was ich heute zu tun habe:
Lassen Sie sich nicht einreden, zur Selbstverwirklichung gehöre ein völlig spontanes Leben, bei dem sich alles schon irgendwie von selbst ergibt und erledigt.

Das ist eine Illusion. Es mag die Ausnahme von der Regel geben – jede Frau erlebt auch Phasen, in denen ihr alles wie von selbst zufällt, die Selbstwert und Erfüllung mit sich bringen. Doch im Allgemeinen gilt, dass wir erst nach vielen Erfahrungen, oft auch sehr bitteren, nach Enttäuschungen und Rückschlägen begreifen, dass man das Leben auch planen muss. Und Arbeit will sogar noch viel detaillierter geplant sein. Das ist keine Einschränkung von Freiheit, sondern schafft überhaupt erst die Voraussetzung dafür, frei zu werden – frei von Chaos und Misserfolg, Hetze und Missachtung.

5. Ich sehe einen Sinn in dem, was ich tue:
Machen Sie das, was Sie tun, nur unter dem Zwang, Ihren Lebensunterhalt verdienen zu müssen nur unter dem Druck von Partner und Familie – oder auch und vor allem deshalb, weil Sie darin einen Sinn sehen? Ohne Sinn gibt es keine Gesundheit, keine Heilung, keine Erfüllung. Der berühmte Arzt und Psychologe Viktor Frankl hat darüber geforscht und wunderbare Einsichten und Lebenshilfen erarbeitet. Eines seiner empfehlenswerten Bücher trägt den richtungsweisenden Titel „Das Leiden am sinnlosen Leben“ (erschienen im Herder Verlag Freiburg/Brsg.). Sinn ist bekanntlich mehr als Leistung, Erfüllung mehr als Erfolg.

6. Mein Arbeitsplatz ist meistens ordentlich bzw. ich räume ihn regelmäßig auf:
Haben Sie die Übersicht über Ihre Arbeit, Ihren Arbeitsplatz, über sich selbst? Nur wer die Übersicht behält, kann sich frei fühlen, er bzw. sie selbst zu sein.

7. Ich mache mindestens einmal im Jahr Urlaub:
Wie wollen wir ein gesundes Selbstwertgefühl entwickeln und erhalten, wenn wir keine Zeit für uns selbst finden, um auszuspannen, die gewohnten vier Wände zu verlassen, etwas Neues zu sehen und einmal etwas Anderes zu machen als im Alltag? „Die Seele baumeln lassen“ ist ein hübscher Begriff für das, was Urlaub sein sollte.

8. Wenn ich später einmal – vielleicht nach der Pensionierung – auf meine Arbeit zurückblicke, werde ich dies erfüllt und befriedigt tun:
Haben Sie sich bei dieser Frage vielleicht gedacht, „Warum soll ich denn jetzt schon darüber nachdenken, was in dreißig oder vierzig Jahren sein wird? Ich stehe doch gerade erst am Anfang!“ Wenn Sie gerade Anfang zwanzig sind, ist das ganz in Ordnung so. Wenn ich aber auch später nur in den Tag hineinlebe, ohne mir zu überlegen, welche Auswirkungen und Folgen mein Tun in späteren Jahren haben wird, so übersehe ich völlig das Gesetz von Ursache und Wirkung.

Beziehungen und Kommunikation

1. Ich kann mit meinem Partner praktisch über alles sprechen:
Es ist selbstverständlich in Ordnung, auch kleinere oder größere Geheimnisse zu haben – und manchmal tut das einer Beziehung sogar ganz gut. Wenn ich mit meinem Partner aber nicht über das sprechen kann, was mich wirklich bewegt – über meine und seine Gefühle oder beruflichen Ziele, über Ängste oder geistige Fragen des Lebens, dann ist diese Beziehung entweder noch sehr am Anfang und es muss noch geprüft werden, ob es einen seelischen Einklang gibt, der unter Umständen weiterzuentwickeln ist, oder es gibt ernst zu nehmende Probleme in der Kommunikation, die so bald wie möglich angesprochen werden müssen.

2. Meine persönlichen Beziehungen sind stabil:
So prickelnd viel Abwechslung sein mag, so kräfte- und zeitraubend sind jedoch instabile und wechselhafte Beziehungen. Für die meisten Frauen ist das wohl auch eine Frage des Lebensalters. In der Jugend sind wir leichter fasziniert von den vielen unterschiedlichen Facetten, die verschiedenen Partner- und Freundschaften gelebt werden können. Auf die Dauer können wir als Frau aber nur schwerlich in unserer Mitte ruhen und selbstsicher sowie stabil sein, wenn unsere Beziehungen nicht sicher sind?

3. Ich weiß, was ich an anderen Menschen mag:
Je bewusster wir sind, desto mehr Selbstwertgefühl haben wir entwickelt. Je mehr wir wissen, was wir wollen und was nicht, desto selbstbestimmter können wir leben.

4. Für die Sorgen meines Partners, auch für die „kleinen Problemchen“, habe ich meistens Verständnis:
Verständnis zu haben bedeutet nicht, nur für den anderen Menschen zu leben und nicht für sich selbst. Bei dieser Frage geht es vielmehr darum, ob wir auch im Alltag „wach“ genug sind zu spüren, wenn ein Mensch, der uns nahe steht, etwas von uns braucht – Aufmerksamkeit, liebevolle Zuwendung, Ermunterung. Das, was wir geben, bekommen wir auch zurück.

5. Die Liebe hat für mich einen höheren Stellenwert als Eros und Sex:
Diese Frage soll keinesfalls bedeuten, dass Sex in unserem Leben nicht wichtig wäre. Er sollte jedoch gegenüber der Liebe eine untergeordnete Rolle spielen. Denn was ist das Erfüllendere und Dauerhaftere von beidem? Natürlich die Liebe. Stellen Sie sich als Denkanstoß einmal die folgenden Fragen: Was bedeutet Liebe für mich? Was ist „echte" Liebe? Gibt es verschiedene Formen von Liebe und welche ist für mein Leben wesentlich?

6. Meine persönlichen Beziehungen geben mir Sicherheit und ich gebe meinem Partner sowie meinen Freundinnen und Freunden ebenfalls Sicherheit:
Sicherheit bedeutet nicht, zu allem Ja und Amen zu sagen, sondern sich auf andere Menschen verlassen zu können und zu wissen, dass sie für einen da sind, wenn Not an der Frau ist. Das funktioniert natürlich nur, wenn wir selbst den anderen genau dieselbe Sicherheit geben.

7. Ich kann es gut akzeptieren, dass niemand vollkommen ist und alle Ansprüche erfüllen kann:
Sind Sie sich über die Ansprüche im Klaren, die Sie an Ihren Partner stellen? Drücken Sie diese auch offen aus? Kennen Sie seine Erwartungen? Drückt er sie aus? Und sind Sie beiden sich darüber einig, dass nichts auf dieser Welt je vollkommen sein kann?

8. Auch außerhalb meiner festen Beziehung(en) bin ich offen für die Begegnung und den Austausch mit anderen Menschen:
Offen zu sein für die Begegnung mit anderen lässt uns spüren, dass wir lebendig sind, dass wir am Leben aktiv teilhaben. Es hilft, Verkrustungen oder Fixierungen gar nicht erst entstehen zu lassen, die Beziehungen – und damit einen selbst – auf Dauer belasten.

9. Ich weiß, was mein Partner an mir mag:
Wenn er es Ihnen nicht sagt, sollten Sie ihn danach fragen – denn diese Art der „positiven Kommunikation" ist äußerst wichtig für Ihr Selbstwertgefühl und gleichzeitig Grundvoraussetzung für eine fruchtbare und erfüllende Partnerschaft.

10. Ich bilde mir meine eigene Meinung über andere Menschen:
Wer urteilt über Ihr Leben und die Menschen, mit denen Sie näheren Kontakt haben? Tradition und Sitte, religiöse Moraldogmen, Ihre Eltern (bzw. das, was Sie von Ihnen als Prägungen in sich tragen)? Oder sehen Sie alles durch die Brille Ihres Partners? Selbstständigkeit ist ein wesentlicher Faktor für ein gesundes Selbstbewusstsein. Und indem Sie ein unabhängiges Urteil entwickeln, werden Sie stabiler und selbstständiger. Wenn Sie sich dabei anfangs manchmal oder sogar öfters irren, macht das gar nichts. Wie sonst können Sie lernen?

11. Die tieferen Probleme in meiner Beziehung kenne ich und arbeite gemeinsam mit meinem Partner daran, sie zu lösen:
Gibt es keine ernsteren Probleme in Ihrer Partnerschaft? Dann kann man Ihnen nur gratulieren! Wenn es aber welche gibt, die nur im Untergrund schwelen und niemals angesprochen werden, untergräbt das Ihre Lebensfreude und Ihr Selbstvertrauen. Also: Lieber offen darüber reden und eine Lösung suchen, als vielleicht aus Angst vor Trennung alles unter den Teppich kehren.

12. Ich weiß, dass man nicht alle Diskrepanzen lösen kann (und muss), sondern dass man auch mit unterschiedlichen Ansichten sehr gut leben kann:
Auch das kann eine Entscheidung für Ihr Selbstwertgefühl sein, dass Sie sich (und Ihrem Partner) sagen: Ich spüre und erlebe, dass es in diesen oder jenen Bereichen große Unterschiede zwischen uns gibt. Da mir aber an unserer Beziehung viel liegt, bin ich bereit, die Unterschiede zu akzeptieren. Lass uns Möglichkeiten finden, dort enger zusammen zu sein, wo wir harmonieren und uns auf den anderen Gebieten Freiraum zu geben.

Geld

Vielleicht haben Sie sich gewundert, warum Fragen zum Thema Geld überhaupt hier auftauchen. In einer ziemlich materiell orientierten Welt und einer Zeit, in der das Leben der meisten Menschen nicht mehr in die Sicherheit einer Großfamilie eingebettet ist und in der die sozialen Netze ganz allgemein mehr und mehr zurückgeschnitten werden, spielt Geld (leider) eine immer wichtigere Rolle. Mangel an Geld bedeutet Mangel an persönlicher (Wahl-)Freiheit in Bezug auf Kleidung, Ernährung, Einrichtung, Urlaub, Wohnung, etc. Um ein stabiles Selbstwertgefühl zu entwickeln und zu fördern, darf das Thema Geld keine offene oder versteckte Blockade darstellen. Je mehr Klarheit Sie in Geldangelegenheiten schaffen, desto besser für Ihr Wohlbefinden. Denn selbst wenn Sie feststellen, dass finanziell alles viel zu knapp bemessen ist, kann das Ihre Energie mobilisieren, um sich mehr aufs Geldverdienen zu konzentrieren.

1. Ich kann mit Geld ganz gut umgehen:
Damit ist gemeint, ob Sie das Geld, das Sie zur Verfügung haben, so einteilen, dass Sie Ihre laufenden Lebenshaltungkosten decken können. Falls nicht, sollten Sie überprüfen, ob Sie einfach zu wenig Geld verdienen und sich darüber Gedanken machen, wie sich das ändern lässt. Vielleicht hat ihr ständig leerer Geldbeutel aber auch andere Gründe: Sie werfen zu viel Geld „zum Fenster hinaus" oder haben Lücken Ihrer Kalkulation. Machen Sie eine umfassende Einnahmen-Ausgaben-Aufstellung, um Klarheit in Ihre Finanzen zu bringen!

2. Ich spare für eine Eigentumswohnung oder ein Haus:
Wer Eigentum oder Eigentumsanteile erwirbt, bringt auf diese Weise ganz handfest zum Ausdruck, dass er bzw. sie sich selbst etwas wert ist. Sowohl die wirtschaftliche Absicherung als auch die Altersvorsorge – gerade angesichts sehr unsicherer Renten in der Zukunft – ist ein Sache der praktischen Selbstverwirklichung, um unabhängig und selbstbestimmt zu sein oder zu werden.

3. Geld macht mir Spaß:
Wer Geld innerlich ablehnt – als unmoralisch, schmutzig, zu materialistisch oder dergleichen mehr –, der sollte sich einmal vor Augen führen, dass Geld einfach ein Ausdruck von Energie ist, eine andere Form von Aktivität und Zuwendung. Geld ist auch ein Ausdruck von Fülle und Fließen. Es wird erst dann zum Problem, wenn wir es für wichtiger halten als alles andere und dadurch habgierig und/oder geizig werden.

4. Ich helfe Menschen in Not finanziell, auch wenn ich selbst nicht so viel Geld habe:
Sind Sie arm? Wahrscheinlich „Ja" im Vergleich zu Bill Gates, dem Haupteigentümer von Microsoft. Sind Sie reich? Vermutlich ebenso „Ja" im Vergleich zu einer Frau in Bangladesh. Wer auch dann etwas teilt, wenn er selbst nicht viel hat, wächst in der Selbstverwirklichung.

5. Ich bezahle meine Rechnungen in der Regel innerhalb einer angemessenen Frist:
Hier geht es darum, eine geistig klare und emotional gelassene Einstellung zum Geld praktisch in die Tat umzusetzen. Dies bildet einen weiteren Mosaikstein für die Entwicklung des Selbstbewusstseins.

6. Ich investiere in eine private Altersvorsorge:
Hier taucht dasselbe Thema auf wie bei der Frage nach dem Sparen für Wohnung oder Haus. Eine private Zusatzversicherung, die entweder als monatliche Rentenzahlung oder in Form eines einmaligen Betrags fällig wird, entlastet Sie nachhaltig von Zukunftssorgen. Das kann Ihren Geist beflügeln, Ihr Leben aktiv zu gestalten.

7. Ich habe keine Schulden, die mich bedrücken:
Damit ist nicht ein üblicher Immobilien-Kredit gemeint, dessen Rückzahlung in Ihr Budget passt. Vielmehr geht es um Konsum-Kredite, womöglich noch mit zu hohen Zinsen, um überzogene Konten oder hohe Kreditkartenschulden. Wer unter Schuldendruck steht, kann sich nicht frei entfalten. Deshalb sollten Sie unbedingt eine Schuldenberatung aufsuchen, Sie finden solche Beratungsangebote entweder über den örtlichen Verbraucherverband oder über das Sozialamt. Bitte scheuen Sie sich nicht, einen solchen Dienst in Anspruch zu nehmen. Es ist kein Makel, einen Fehler zu machen, es wäre aber Dummheit, dabei zu bleiben.

8. Ich mache anderen Menschen gern kleine Geschenke:
Hier geht es nicht um Menschen in Not, sondern um Aufmerksamkeiten, die Freude bereiten und den Mitmenschen zeigen, dass man an sie denkt – denn kleine Geschenke erhalten immer noch die Freundschaft!

Geistige Bewusstheit

1. Ich freue mich jeden Tag auf etwas:
Hoffentlich müssen Sie an dieser Stelle nicht lang und schwer darüber nachdenken, worauf Sie sich überhaupt freuen könnten. Frei ist, wer möglichst frei von Wünschen ist, sagen weise Frauen. Worauf könnten Sie sich auch dann freuen, wenn das Leben sonst gerade ziemlich trübe aussieht? Auf die Sonne – oder den Regen? Auf das Zwitschern der Vögel, auf einen Spaziergang oder eine gute Tasse Kaffee? Auf ein nettes Gespräch? Darauf, was der Tag an Unbekanntem, Neuem bringen könnte? Bitte gönnen Sie sich jeden Morgen, mindestens eine Woche lang, die bewusste Vorfreude auf irgendetwas an diesem Tag – es kann etwas ganz „Kleines" sein. Spüren Sie, wie in dieser Woche Ihre Energie und Lebensfreude gestärkt wird!

2. Ich nehme Anteil am Leben meiner Mitmenschen:
Interessieren Sie sich dafür, was andere Menschen tun – Menschen in Ihrer näheren Umgebung? Nehmen Sie sich genug Zeit für Familie, Freunde und Nachbarn? Wissen Sie, welche Themen in Ihrem Wohnviertel im Moment gerade diskutiert werden? Denken Sie über den Tellerrand des Heute und dessen hinweg, was man mit Augen sehen und mit Händen greifen kann, auch an eher geistige Dinge, die man nur fühlen oder ahnen kann?

3. Ich liebe jemanden oder etwas – einen Menschen, das Leben, ein Hobby, meinen Beruf, Gott ...:
Ist Liebe eine wesentliche Kraft in Ihrem Leben? Oder ist sie vom Alltag zugeschüttet oder als kindlicher Wunschtraum abgetan? Die meisten Menschen leiden unter einem Mangel an Liebe – und wir warten darauf, dass uns irgendjemand Liebe schenkt, sozusagen aus heiterem Himmel. Die direkteste und schnellste Art, Liebe zu erfahren, besteht jedoch darin, selbst anderen Liebe zu schenken. Sie wird mit nur kleiner Zeitverzögerung doppelt und dreifach zurückkommen. Dauerhafte Liebe ist eine Eigenschaft der Seele. Wie man sie entdecken kann, wird im letzten Kapitel behandelt.

4. Ich empfinde Mitgefühl, wenn ich von der Not anderer Menschen höre:
Sich seines Selbstwertes bewusst zu sein bedeutet, den Wert eines anderen zu erkennen und zu achten. Und es heißt auch, dass ich Menschen helfe, ihr Leben zu meistern. Die erste Stufe dazu ist Mit*gefühl* – nicht Mit*leid*. Aus Mitgefühl heraus werden Sie eher helfen können als dann, wenn Sie mitleiden, denn das trübt meistens die Sicht und blockiert konstruktive Energien.

5. Ich bin praktisch jeden Tag an der frischen Luft:
Vielleicht wundern Sie sich, was eine solche Bemerkung hier zu suchen hat, wo es um geistige Bewusstheit geht. Wir leben in einer Gesamtheit von Körper, Seele und Geist. Doch häufig sind wir so vom Alltag verschluckt, dass wir gar nicht bemerken, wie lange wir schon nicht mehr spazieren gegangen sind und uns an Himmel und Erde, an Luft und Wasser, am Leben im Hier und Jetzt erfreut haben. Holen Sie das heute noch nach!

6. Ich spüre, dass ich mehr bin als Körper, Gefühle und Gedanken:
Wer das von sich sagen kann, ist auf dem besten Weg, echtes Selbst-Bewusst-Sein zu entwickeln. Wir sind ein Selbst, das bewusst in diesem Körper existiert – mit all unseren Gefühlen und Gedanken. Und diese Existenz dient einem bestimmten Zweck, nämlich der *Selbstverwirklichung*. Vor allem im letzten Kapitel erfahren Sie mehr dazu.

7. Mitleid blockiert mich manchmal oder häufig:
Unter Frage 4 wurde schon der Unterschied zwischen Mitgefühl und Mitleid angesprochen. Nehmen Sie Anteil am Schicksal anderer Menschen, aber lassen Sie sich dabei nicht aus Ihrer Mitte bringen. Denn dann können Sie sowieso nicht mehr wirksam helfen.

8. Ich bin dankbar für die Chance, als Mensch auf dieser Erde zu leben:
Dankbarkeit ist eine große Kraft, die hilft, aktiv zu sein und gleichzeitig auch zu akzeptieren, dass nicht alle Widersprüche des Lebens gelöst werden können. Sie zeigt uns, dass das Leben trotzdem wunderbar, geheimnisvoll und lebenswert ist.

9. Ich versuche oft, anderen zu helfen:
Wer Mitgefühl – und nicht Mitleid – erlebt, der entwickelt die Kraft, etwas zu tun, das dem Menschen, der leidet, konkret hilft. Wer anderen helfen kann und darf, dessen Selbstvertrauen und Stärke wachsen auf ganz natürliche Weise.

10. Ich bete oder meditiere regelmäßig:
Beim Gebet sprechen wir zu Gott oder einer höheren Macht. In der Meditation werden unser Fühlen und Denken still und wir öffnen uns für eine Antwort oder eine Kraft aus einer übergeordneten Dimension. Zu einer ganzheitlichen Entwicklung gehört die Kontaktaufnahme mit diesen höheren Kräften ganz selbstverständlich dazu.

Buchempfehlungen

Jennifer London: *Tu dir gut! Das Wohlfühlbuch für Frauen*, Bauer Verlag, 1996
Ursula und Wulfing von Rohr*): *Meditation – Der tägliche Weg zum Selbst*, Econ Verlag 1997
Ursula von Rohr*): *Edelsteine für Frauen*, Econ Verlag 1996
Wulfing von Rohr: *Alltagsprobleme kreativ lösen*, FALKEN Verlag 1998
ders.: *Der Seelenquotient*, Goldmann Verlag 1998
ders.: *Die Weisheit der erwachten Seele*, Urania Verlag-CH 1999
ders.: *Heilende Meditation*, Urania Verlag-CH 1996

*) von der Autorin noch unter ihrem Ehenamen veröffentlicht

Adressenhinweise

Wenn sie an der Lichtmeditation Interesse haben und eine Gruppe finden wollen, wo man das (kostenlos und ohne Mitgliedschaft) üben kann: Wissenschaft der Spiritualität, Jägerberg 21, D 82335 Berg, Tel. 0 81 51/ 5 04 49. Bei schriftlichen Anfragen legen Sie bitte einen an sich selbst adressierten und ausreichend frankierten Rückumschlag bei.

Wenn Sie Interesse an Vorträgen oder Seminaren mit der Autorin haben, können Sie sich direkt an sie wenden:
Ursula Maria Hebenstreit
Hirschengasse 9
A-3420 Kritzendorf/Wien
Tel./Fax: 0 22 43/3 08 76
E-Mail: LifeForum@t-online.de

Quellenhinweis

Das Zitat auf den Seiten 111/112 stammt aus der Broschüre „Innerer Frieden durch Meditation“ von Rajinder Singh; Abdruck mit freundlicher Genehmigung.

Der Widder und die Liebe
ISBN: 3-8068-**1901**-7
Die anderen Sternzeichen dieser Reihe:

1902-5	Stier
1903-3	Zwilling
1904-1	Krebs
1905-X	Löwe
1906-8	Jungfrau
1907-6	Waage
1908-4	Skorpion
1909-2	Schütze
1910-6	Steinbock
1911-4	Wassermann
1912-2	Fisch

Liebeshoroskope für Verliebte: Wer mehr über seinen Partner oder die Partnerin erfahren will, bekommt hier das Charakterbild der Erwählten analysiert und die Beziehungschancen dargestellt – einfühlsam, liebevoll und nicht mit astrologischen Begriffen überfrachtet.

Alle Bücher haben 80 Seiten, sind durchgehend vierfarbig, gebunden und kosten **DM 14,90**.

Liebes-Horoskop
Von W. Noé – 120 S., kartoniert
ISBN: 3-635-**60297**-3
Preis: DM 12,90

Die Sterne prägen die erotische Anziehung und sie können der Schlüssel zu tieferer Einsicht in Bezug auf sexuelle Bedürfnisse und Vorlieben sein. Dieser astrologische Ratgeber zeigt Ihnen den Weg zu einer befriedigenden und erfüllten Partnerschaft. Finden Sie heraus, bei welcher Sternzeichenkombination prickelnde Erotik sich von selbst einstellt und bei welcher mehr Verständnis und Toleranz nötig sind.

Der immerwährende Kalender der Mondkraft
Von S. Heideweg – 160 S., kartoniert
ISBN: 3-635-**60301**-5
Preis: DM 14,90

Die Kraft des Mondes wirkt und hilft. Wie Sie davon im täglichen Leben am besten profitieren, verrät Ihnen dieser Ratgeber.

Kraft der Sonne, Kraft des Mondes
Von S. Heideweg – 208 S., kartoniert
ISBN: 3-635-**68009**-5
Preis: DM 29,90

Im Einklang mit Sonne und Mond leben – Dieser astrologische Ratgeber bietet eine umfassende Orientierungshilfe für die Zeitplanung mit den kosmischen Kräften im Alltag.

Chinesisches Horoskop
Von G. Haddenbach – 88 S., kartoniert
ISBN: 3-635-**60006**-7
Preis: DM 9,90

Im uralten chinesischen Horoskop steht jedes Jahr unter dem Zeichen eines von insgesamt 12 Tieren, die Charakter und Schicksal des Menschen beeinflussen.
In diesem Buch finden Sie Antworten zu Charakter, Liebe und Schicksal.

Astrologie und Gesundheit
Von J. Rachlitz – 140 S., kartoniert
ISBN: 3-635-**60194**-2
Preis: DM 14,90

Mit diesem Ratgeber wecken Sie Ihre Selbstheilungskräfte. Erfahren Sie, was das persönliche Horoskop über Ihre psychische und körperliche Disposition aussagt und wie Sie Krankheiten als Chancen zur Kurskorrektur erkennen.

Esoterik

Das Horoskop der Druiden
Von C. Ludwig – 144 S., kartoniert
ISBN: 3-635-**60335**-X
Preis: DM 16,90

Das Horoskop der keltischen Druiden ist eine Verbindung aus Naturhoroskop und praktischer Psychologie, das die Menschen mit Bäumen vergleicht. Dieser Ratgeber verrät Ihnen, welchem Baum Sie ähneln und wie Sie Ihre Potentiale besser nutzen können.

Pendeln
Von N. Schreiber – 112 S., kartoniert
ISBN: 3-635-**60332**-5
Preis: DM 12,90

Pendeln kann ein faszinierendes Werkzeug für die Bewältigung des Alltags sein. Dieses Buch gibt Anleitung für eine intuitive Nutzung des magischen Pendelns, sei es zur Selbsterkenntnis oder für konkrete Probleme.

Lexikon der Esoterik
Von W. Bogun, N. Straet – 304 S., kartoniert
ISBN: 3-635-**60430**-5
Preis: DM 19,90

Endlich Antworten auf über 700 Fragen zu klassischen und aktuellen esoterische Themen. Dieses Lexikon bietet eine Fülle von Wissen zu Esoterik, Astrologie, Spiritualität und Ganzheitsmedizin.

Nostradamus – Prophezeiungen für das 21. Jahrhundert
Von M. Dimde – 160 S., kartoniert
ISBN: 3-635-**60437**-2
Preis: DM 16,90

Was erwartet die Menschheit nach der Jahrtausendwende? Der Nostradamus-Experte Manfred Dimde entschlüsselt mit seinem Decodierungssystem die geheimen Botschaften des berühmten Visionärs und Astrologen aus dem 16. Jahrhundert. Die neuesten Erkenntnisse über die Vorhersagen zu Lebensqualität, Wohlstand, Krieg und Frieden u.a. weisen auf den Beginn einer neuen Zivilisation im 21. Jahrhundert hin.

Unerklärlich!
Von J. Clark – 224 S., kartoniert
ISBN: 3-635-**68006**-0
Preis: DM 29,90

Geisterlichter, UFOs und Riesenkraken: Es gibt sie doch, die unerklärlichen Phänomene. Ein bestinformierter Wissenschaftler erläutert Erklärungsversuche für mysteriöse Beobachtungen.

Die Kunst, in Gesichtern zu lesen
Von C. An Kuei – 160 S., kartoniert
ISBN: 3-635-**68020**-6
Preis: DM 24,90

Der entlarvende Blick, wer möchte den nicht beherrschen? Dieser Ratgeber gibt tiefe „Einblicke“ in die chinesische Gesichtlesekunst Siang mien und zeigt, wie man einzelne Gesichtsmerkmale deuten kann.

FALKEN

Stand der Preise: 1.6.1999. Änderungen vorbehalten

Schüßler-Salze
Von A. Rückert – 128 S., kartoniert
ISBN: 3-635-**60518**-2
Preis: DM 14,90

Der menschliche Organismus braucht Mineralstoffe und Spurenelemente, um reibungslos zu funktionieren. Dieses Buch informiert Sie über die Anwendung der Schüßler-Salze, in denen die Zellnährstoffe enthalten sind.

Einheimische Blütenessenzen
Von U. Rückert – 144 S., kartoniert
ISBN: 3-635-**60520**-4
Preis: DM 14,90

Nutzen Sie die Heilkraft von Blütenessenzen für die Harmonie von Körper, Seele und Geist. Neben den bekannten Bachblüten sind inzwischen eine Vielzahl
weiterer Essenzen entstanden, die helfen, Beschwerden zu lindern, Seelenblockaden zu lösen und schwierige Situationen zu meistern.

Die sagenhafte Heilkraft der Papaya
Von H. W. Tietze – 80 S., kartoniert
ISBN: 3-635-**60396**-1
Preis: DM 12,90

Schon lange ist den Naturvölkern die Heilkraft der Papaya bekannt. Sie wirkt gegen Infektionen, als Beruhigungs- und Stärkungsmittel. Auch bei Krebserkrankungen wird ihr heilende Wirkung nachgesagt.
In diesem Ratgeber erfahren Sie mehr über die Papaya und ihr Konzentrat.

Tomate – Power für die Gesundheit
Von L. und A. Waniorek – 96 S., kartoniert
ISBN: 3-635-**60519**-0
Preis: DM 12,90

Mit der Tomate gegen Herzinfakt und Krebs? Aus den USA kommt die sensationelle Kunde, dass unser beliebtes Gemüse nicht nur gut schmeckt, sondern auch überaus gesund ist. Das praktische Krankheits-ABC und die 30 wirksamen und leckeren Rezepte machen dieses Buch zu einem hilfreichen Gesundheitsratgeber rund um die Tomate.

Teebaumöl für Gesundheit und Schönheit
Von S. Poth – 80 S., kartoniert
ISBN: 3-635-**60344**-9
Preis: DM 12,90

Teebaumöl wird wegen seiner guten Wirksamkeit geschätzt, es ist vielseitig und gut verträglich. Dieses FALKEN Taschenbuch beschreibt fundiert die verschiedenen
Therapien und Anwendungen.

Grüner Tee
Von C. Teufl – 80 S., kartoniert
ISBN: 3-635-**60150**-0
Preis: DM 14,90

Grüner Tee ist ein feiner und zugleich heilsamer Genuss. Dieser Ratgeber stellt die verschiedenen Grünteespezialitäten vor und informiert Sie über die richtige Zubereitung, die Inhaltsstoffe und die Heilwirkungen.

Mensch und Gesundheit

Die neue Rückenschule
Von K. Haak – 64 S., kartoniert
ISBN: 3-8068-**2146**-1
Preis: DM 16,90

Die Zahl der Menschen, die von Rückenschmerzen betroffen sind, ist sehr groß. Die „neue Rückenschule" bietet Ihnen ein ganzheitliches Konzept, mit dem Sie Rückenschmerzen wirkungsvoll begegnen und die verschiedenen Ursachen bekämpfen können.

Rheuma
Von Prof. Dr. med. K. Gräfenstein – 128 S., kartoniert
ISBN: 3-8068-**2000**-7
Preis: DM 19,90

Aktiv gegen die Erkrankung angehen anstatt zu resignieren ist die Devise. Dieser Ratgeber enthält eine Vielzahl von Anregungen zur Selbsthilfe mit erprobten rheumagymnastischen Übungen und Hilfsmitteln.

Traditionelle Chinesische Medizin
Von D. Accolla, P. Yates – 368 S., gebunden
ISBN: 3-8068-**7381**-X
Preis: DM 49,90

Harmonie, Ganzheit und Gleichgewicht sind die Schlüsselbegriffe der Traditionellen Chinesischen Medizin. Dieser Ratgeber informiert Sie umfassend über das Verständnis von Krankheiten aus fernöstlicher Sicht, Mittel und Wege, Krankheiten zu vermeiden und die Möglichkeiten der Selbstbehandlung.

Heilen und vorbeugen mit Wein
Von Dr. med. F.-A. Graf v. Ingelheim, I. Swoboda – 96 S., kartoniert
ISBN: 3-635-**60311**-2
Preis: DM 14,90

Im Wein ist Gesundheit! Das wussten schon die alten Griechen. Auch Wissenschaftler haben die lebensverlängernde und vorbeugende Wirkung des Rebensaftes bewiesen. Dieser Ratgeber fasst die Anwendungen und Wirkungen der wohlschmeckenden Medizin zusammen.

Autogenes Training
Von R. Faller – 110 S., kartoniert
ISBN: 3-635-**60009**-1
Preis: DM 9,90

Durch autogenes Training haben bereits Millionen Menschen zu mehr Lebensfreude und Selbstsicherheit gefunden. Die Übungen in diesem Buch führen stufenweise zur positiven Beeinflussung der seelischen Haltung und zu völliger Entspannung.

Was bedeuten Ihre Laborwerte?
Von Dr. med. M. G. Baer – 80 S., kartoniert
ISBN: 3-635-**60476**-3
Preis: DM 9,90

Dieser Ratgeber macht Sie zum kompetenten Gesprächspartner Ihres Arztes. Medizinische Fachterminologien und Erläuterungen aller wichtigen Untersuchungen werden präzise und verständlich erklärt, damit Sie die Ergebnisse besser verstehen und hinterfragen können.

FALKEN

Stand der Preise: 1.6.1999. Änderungen vorbehalten

Feste feiern

Gästebuchverse, Trinksprüche, Richtsprüche
Von D. Kellermann – 96 S., kartoniert
ISBN: 3-635-**60121**-7
Preis: DM 9,90

Sie müssen unverhofft einen Trinkspruch vortragen oder sich in einem Gästebuch verewigen? In diesem Buch gibt es eine Fülle von Beispielversen und Anregungen für formvollendete Wünsche und Danksagungen.

Geburtstag feiern
Von S. Harland – 128 S., kartoniert
ISBN: 3-635-**60131**-4
Preis: DM 14,90

In diesem Ratgeber finden Sie neben wertvollen Tipps zur Organisation auch zahlreiche Anregungen zur individuellen Gestaltung.

Geburtstagsfeste mitgestalten
Von A. Wilke, B. Haß – 96 S., kartoniert
ISBN: 3-8068-**1876**-2
Preis: DM 16,90

Einmalige Geburtstage mit originellen Ideen sind mit Hilfe dieses Ratgebers kein Problem mehr. Lassen Sie sich überraschen!

Kindergedichte für Familienfeste
Von B. H. Bull – 96 S., kartoniert
ISBN: 3-635-**60491**-7
Preis: DM 12,90

Ob zum Muttertag, zum Valentinstag oder zum Nikolaus, dieses Buch bietet mit unzähligen Gedichten einen wertvollen Fundus für Kinder und Erwachsene.

Reden und Vorträge zu runden Geburtstagen
Von H. Erfurt – 120 S., kartoniert
ISBN: 3-635-**60535**-2
Preis: DM 12,90

Ob im kleineren oder größeren Rahmen, zu Hause, im Verein oder in der Firma – dieses Buch hält Musterreden für jede Feier bereit. Mit der kleinen Rednerschule und den vielen Tipps und Tricks werden Sie zum Profi.

Die neue Glückwunschfibel
Von R. Christian-Hildebrandt – 106 S., kartoniert
ISBN: 3-635-**60031**-8
Preis: DM 9,90

Dieses Buch enthält eine Vielzahl von Glückwünschen in Versform und in Prosa für die Feste im Laufe eines Jahres.

Einladungen texten und gestalten
Von R. Zey, A. Bellingen – 80 S., kartoniert
ISBN: 3-635-**60074**-1
Preis: DM 9,90

Mustereinladungen mit Pfiff und viele Ideen zur Gestaltung der verschiedensten schriftlichen Einladungen.

Reden für Familienfeiern
Von G. Kunz – 112 S., kartoniert
ISBN: **3-635-60281**-7
Preis: DM 12,90

Dieser Ratgeber enthält zahlreiche Musterreden zu allen Anlässen und gibt wertvolle Tipps zum Aufbau, Stil und Vortrag, damit Sie Ihre Rede unbefangen und mit Bravour vortragen können.